新しい！
日本の福利厚生
―基礎知識から企画・運用まで―

千葉商科大学会計大学院教授
㈱ベネフィット・ワン ヒューマン・キャピタル研究所所長

可児 俊信

労務研究所

はじめに

　本書を手にとっていただき、ありがとうございます。

　福利厚生全般を俯瞰する書籍は、すでに20年以上も発刊されていません。その大きな理由は、バブル崩壊後の深刻な不況期に、福利厚生がコストとみなされ軽視された時期があったからです。そして、2003年から景気が回復したときには、福利厚生は、それ以前とは実施目的や制度内容が変わっていました。その生まれ変わった新しい福利厚生の姿が、本書に示すものです。

　今、福利厚生はいくつかの理由で、注目されています。第1は、新卒および中途での人材採用のためです。少子化で労働力の絶対数が減少していることから、人材の採用は困難になります。福利厚生を充実して待遇・処遇を改善したり、就職予定者が望む福利厚生制度を整備したりすることで、人材確保を容易にするためです。

　第2は、最近の人事にかかわる経営キーワードである、「健康経営」、働き方改革、同一労働同一賃金、ダイバーシティ経営、エンゲージメント等を実現するために、福利厚生制度が大いに活用できるためです。例えば、ダイバーシティ経営を目指し、多様な人材に満足して働いてもらうためには、給与を高くするだけでは不十分です。多様な人材が働きやすい環境をつくるためには、福利厚生制度の再構築が不可欠です。

　こうした理由で福利厚生が注目されるなか、福利厚生部門、労務部門、人材採用部門のご担当の方にまず読んでいただきたいのです。福

利厚生のトレンドにあった制度設計はもちろん、基本的な事項や社内で必ず尋ねられることが書かれています。同じように、福利厚生の一翼を担う労働組合・職員組合、共済会・職員互助会の方にも読んでいただきたいのです。

　企業・団体、官公庁等に対して、福利厚生の視点から、経営、人事・労務、会計・税制のアドバイスをされる社会保険・労務の専門家、税制・会計の専門家、銀行・生保等の金融機関の方も本書が役に立ちます。

　本書は、以下の構成となっています。

　第1章では、そもそも福利厚生とは何か？、その定義、実施目的、企業や従業員にとってのメリット等について説明しています。これらは、職域内で福利厚生が議論される際に、必ず誰かが発する問いであり、これに答えることができないと議論が進みません。

　本章では、福利厚生のオリジナルな姿を知るために、明治期の福利厚生から現在までの変遷も取り上げています。

　また、経営に費用対効果が問われる時代であることから、福利厚生のメリットや賃金と比べた場合の優位点も説明しています。例えば、給与と福利厚生の関係です。「福利厚生を提供するなら、その分給与を増やしたほうが従業員のためではないか」という声が起きることもあります。そうした問いに応えるものです。それ以外にも、社会保険と福利厚生の関係、社宅制度と住宅手当の関係等、福利厚生の充実を推進する上で、必ずぶつかる問いに解答します。

　第2章では、福利厚生は環境変化の影響を取り上げています。最も大きく影響を受ける環境は、人口動態です。少子化、高齢化、長寿

化は労働力の在り方に大きく影響し、福利厚生に変化を促しています。社会保障、とりわけ社会保険制度の変化も福利厚生に影響しています。また「健康経営」働き方改革といった経営の新しいキーワードも福利厚生の施策に影響します。

第3章は、福利厚生の実施分野ごとの概要です。特に、両立支援、健康支援、ライフプラン支援、キャリア開発支援、社員間のコミュニケーション支援等にかかわる福利厚生を取り上げています。

第4章では、福利厚生と並び従業員支援に大きな役割を果たす退職金・企業年金について、最新のリスク分担型企業年金までを含めて取り上げています。

第5章は、カフェテリアプランを取り上げています。これも福利厚生を運営する手法のひとつですが、1995年に日本に導入され、その間に多様化しており、導入当初にいわれていた単なるコスト抑制を目的とした制度ではなくなっています。

第6章では、新しい福利厚生提供の形である福利厚生パッケージ、アウトソーシングを取り上げています。これらは、まさに21世紀型福利厚生です。保険・共済も福利厚生アウトソーシングであると捉えています。

第7章では、事業主以外が提供する福利厚生を取り上げています。共済会・職員互助会、健康保険組合、労働組合による福利厚生の提供にも言及しています。福利厚生の充実に向けた福利厚生を見直す

上で、ぶつかる問題です。職域内にある共済会・職員互助会と福利厚生との関係や、労働組合の事業との関係、健康保険組合の保健事業との関係等について、相互の役割分担や補完関係についてまとめています。

　第8章では、官公庁、民間の大企業、中小企業といった職域別に福利厚生の特徴、福利厚生を見直す際の留意点をまとめています。

　第9章では、福利厚生にかかわる税制を取り上げています。福利厚生の税制には、制度の多様性に比べて不明確な部分が少なくありません。福利厚生税制の考え方を明らかにします。

　最期に、筆者に執筆の機会を与えていただいた㈱ベネフィット・ワンの皆様、そして本書の発刊の機会をいただいた労務研究所に感謝いたします。

目　次

はじめに

第 1 章　福利厚生とは何か

1 福利厚生の範囲 ……………………………………………… 3

　1　福利厚生とは何か …………………………………… 3

　2　法定福利費の範囲 …………………………………… 4

　3　福利厚生費の範囲 …………………………………… 4

　4　福利厚生費の会計と税務 …………………………… 8

2 日本の福利厚生の成り立ち ……………………………… 10

　1　明治～戦前 …………………………………………… 10

　2　戦後～バブル期 ……………………………………… 12

　　労務管理としての福利厚生／役割が変わる福利厚生／

　　新たに生まれた福利厚生

　3　バブル崩壊 …………………………………………… 15

　4　アベノミクス以降 …………………………………… 16

　　多様化する労働力／福利厚生目的の変化

3 福利厚生費を含む人件費の動き ………………………… 20

　1　給与・賞与 …………………………………………… 20

　2　法定福利費 …………………………………………… 21

　3　福利厚生費 …………………………………………… 21

　4　退職金費用 …………………………………………… 22

4 福利厚生の目的と効果 …………………………………… 24

　1　福利厚生の目的 ……………………………………… 24

　2　福利厚生と給与との違い …………………………… 27

　　従業員満足度向上に差／スケールメリット／実質的な手取り増

　　／給与の引き上げは他の人件費負担にも波及

（ 1 ）

3　福利厚生の効果‥‥‥‥‥‥‥‥‥‥‥‥‥‥‥‥‥‥‥‥‥ 30

　　事業主にとっての効果／従業員にとっての効果

第2章　福利厚生を取り巻く環境

❶ 人口動態の変化と労働者の多様化 ‥‥‥‥‥‥‥‥‥‥‥‥‥ 35

　1　少子化‥‥‥‥‥‥‥‥‥‥‥‥‥‥‥‥‥‥‥‥‥‥‥‥‥‥ 35

　2　労働力人口の減少‥‥‥‥‥‥‥‥‥‥‥‥‥‥‥‥‥‥‥‥ 37

　3　長寿化・高齢化‥‥‥‥‥‥‥‥‥‥‥‥‥‥‥‥‥‥‥‥‥ 38

　4　未婚化・晩婚化‥‥‥‥‥‥‥‥‥‥‥‥‥‥‥‥‥‥‥‥‥ 39

❷ 社会保険・労働保険の動向 ‥‥‥‥‥‥‥‥‥‥‥‥‥‥‥ 41

　1　社会保険‥‥‥‥‥‥‥‥‥‥‥‥‥‥‥‥‥‥‥‥‥‥‥‥ 41

　　厚生年金保険／健康保険／介護保険

　2　労働保険‥‥‥‥‥‥‥‥‥‥‥‥‥‥‥‥‥‥‥‥‥‥‥‥ 44

　　雇用保険／労働者災害補償保険

❸ 働き方や職場環境の見直し ‥‥‥‥‥‥‥‥‥‥‥‥‥‥‥ 47

　1　ワーク・ライフバランスの推進‥‥‥‥‥‥‥‥‥‥‥‥‥‥ 47

　2　ダイバーシティ経営‥‥‥‥‥‥‥‥‥‥‥‥‥‥‥‥‥‥‥ 47

　3　「健康経営」‥‥‥‥‥‥‥‥‥‥‥‥‥‥‥‥‥‥‥‥‥‥‥ 48

　4　長時間労働の是正‥‥‥‥‥‥‥‥‥‥‥‥‥‥‥‥‥‥‥‥ 50

　5　同一労働同一賃金‥‥‥‥‥‥‥‥‥‥‥‥‥‥‥‥‥‥‥‥ 51

❹ 福利厚生関連法令 ‥‥‥‥‥‥‥‥‥‥‥‥‥‥‥‥‥‥‥ 53

　1　両立支援・女性の活躍にかかわる法令‥‥‥‥‥‥‥‥‥‥‥ 53

　　次世代育成支援対策推進法／育児・介護休業法／女性活躍推進

　　法／その他

　2　疾病予防・健康増進にかかわる法令‥‥‥‥‥‥‥‥‥‥‥‥ 54

　　労働基準法／労働安全衛生法

　3　ライフプランの支援にかかわる法令‥‥‥‥‥‥‥‥‥‥‥‥ 55

（2）

勤労者財産形成促進法／労働基準法（第 18 条）／雇用保険法
／その他

4　福利厚生を含む労働条件・待遇にかかわる法令················· 56

第 3 章　福利厚生による支援制度の実際

■ 育児支援関連制度 ··· 59

1　育児支援の目的·· 59

2　育児費用の支援·· 59

3　育児休業者への支援·· 61

公的な育児支援／育児休業期間等への支援／育児休業期間への
所得保障／その他の支援

■ 介護支援 ·· 64

1　介護支援の目的·· 64

2　介護費用の支援·· 64

3　介護者への支援·· 66

介護休業期間等への支援／介護休業への所得保障／その他の支援

■ 女性活躍支援 ·· 68

1　女性活躍支援の目的·· 68

2　女性活躍支援の内容·· 68

■ 疾病予防・健康増進支援 ·· 70

1　疾病予防・健康増進支援の目的···································· 70

2　身体の疾病予防・健康増進·· 70

疾病予防／健康増進

3　心の疾病予防·· 71

4　健康保険組合の疾病予防・健康増進施策との連携············· 72

■ ライフプラン支援 ·· 73

1　ライフプラン支援の目的·· 73

（3）

	2	キャリア開発支援	73
	3	財産形成支援	74

老後生活資金の準備／住宅取得支援／一般財形貯蓄、持ち株会
／ライフプランセミナー等の情報提供／セーフティネット支援

6 コミュニケーション支援 … 78

	1	コミュニケーション支援の目的	78
	2	職域内でのコミュニケーション支援	78
	3	家族とのコミュニケーション支援	78

7 住まいの支援 … 80

	1	住まい支援の目的	80
	2	住宅手当・家賃補助	81
	3	社宅	81

社宅の分類／社宅使用料の算定方式／社宅制度のメリット

8 「働きやすさ」支援 … 86

	1	「働きやすさ」支援の目的	86
	2	「働きやすさ」を支援する制度	86

9 生活支援 … 87

第4章 退職金・企業年金制度

1 退職金制度と福利厚生 … 91

	1	退職金制度の目的	91
	2	退職給付の算定式	91

給与比例方式／定額方式／ポイント制／キャッシュ・バラン
ス・プラン

	3	福利厚生と退職金制度の関係	94

2 退職金と企業年金 … 96

	1	退職金と企業年金の違い	96

給付方法の違い／税制の違い

（4）

2　企業年金の長所 ………………………………………… 97

　　企業の負担額／資金支出のタイミング／退職給付会計の適用／
　　退職金の保全

3　退職金と企業年金の関係 ………………………………… 99

　　退職一時金からの移行／内枠移行と外枠移行

3 退職金制度の変遷 …………………………………………… 101

1　企業年金制度の創設 …………………………………… 101

2　1990 年代後半の退職一時金の動き ………………… 102

3　2000 年以降の企業年金の動き ……………………… 103

4 企業年金の種類 ……………………………………………… 105

1　厚生年金基金 …………………………………………… 105

2　確定給付企業年金 ……………………………………… 105

　　確定給付企業年金の創設理由／キャッシュ・バランス・プラン
　　／リスク分担型企業年金

3　企業型確定拠出年金（企業型年金） ………………… 108

　　確定拠出年金の創設理由／制度の概要

4　iDeCo（個人型年金） ………………………………… 111

　　個人型年金の創設理由／制度の概要

5　退職金前払制度 ………………………………………… 114

第 5 章　カフェテリアプラン

1 カフェテリアプランの普及 ……………………………… 117

1　カフェテリアプランの発祥 …………………………… 117

2　カフェテリアプラン普及の背景 ……………………… 117

2 カフェテリアプランのメリット ………………………… 119

1　多様なニーズへの対応 ………………………………… 119

2　福利厚生費の再配分と受益の公平化 ………………… 119

（5）

3 福利厚生費の抑制	120
4 福利厚生受益の可視化	120
5 人材の育成	120

❸ カフェテリアプランの設計 ……………………………… 122

2 カフェテリアプランに必要な原資額 ………………… 122

従業員に対するポイント金額の費用／カフェテリアプランの管
理費／福利厚生パッケージの会費／導入時の初期費用

3 福利厚生の見直しと原資調達 ………………………… 125

利用が片寄っている福利厚生制度／現在のニーズに合わない福
利厚生制度

4 メニュー …………………………………………………… 127

メニュー分野の動向／メニューの設計時視点／最新トレンドの
メニュー

5 事務運用の設計 ………………………………………… 132

ポイントの申請／ポイント履歴の管理／加給データ処理

6 制度の告知 ……………………………………………… 133

説明会の開催／「手引き」の配付／従業員からの照会対応

7 制度の定期的な見直し ………………………………… 135

第6章　福利厚生アウトソーシング

❶ 福利厚生アウトソーシング ……………………………… 139

1 福利厚生アウトソーシングの概要 …………………… 139

アウトソーシングの普及／アウトソーシングとは

2 アウトソーシングの3つのメリット ………………… 141

外部化／大規模化・専門化

3 福利厚生アウトソーシングの受託者 ………………… 143

（6）

2 総合福利厚生パッケージ ……………………………… 144

  1　福利厚生パッケージの契約…………………………… 144

    目的／法人契約／法人会員が負担する会費

  2　福利厚生パッケージの仕組み………………………… 145

    福利厚生コンテンツの開発・拡充／福利厚生サービスの告知／
    サービス利用申込みの取次ぎ

  3　福利厚生パッケージのメリット……………………… 151

    外部化によるメリット／大規模化によるメリット／専門化によ
    るメリット

  4　福利厚生パッケージのデメリット…………………… 154

  5　福利厚生パッケージの普及…………………………… 155

3 専業型アウトソーサーの提供サービス ………………… 157

  1　ライフプランセミナー………………………………… 157

  2　フィットネスクラブ…………………………………… 157

  3　保養所管理……………………………………………… 158

  4　社宅管理………………………………………………… 158

  5　会員制リゾートクラブ………………………………… 158

  6　職場給食………………………………………………… 159

4 生命・損害保険会社、共済制度 ………………………… 160

  1　福利厚生制度の資金準備手段………………………… 160

    保険・共済を活用するメリット／保険・共済を活用するデメリット

  2　従業員の自助努力手段………………………………… 161

5 ＳＳＣ ……………………………………………………… 163

  1　ＳＳＣ（シェアードサービスセンター）の種類……… 163

  2　ＳＳＣの設置目的……………………………………… 163

  3　福利厚生関連ＳＳＣ…………………………………… 164

（7）

第7章　職域・団体等による福利厚生

❶ 健康保険組合 ……………………………………………… 167

 1 保険者の種類と事業……………………………………… 167

  保険者の種類／健康保険組合の事業

 2 付加給付…………………………………………………… 169

  付加給付の種類／付加給付の目的／付加給付の実施割合と給付
  水準

 3 健康保険料の労使負担割合……………………………… 173

 4 保健事業・福祉事業……………………………………… 173

 5 健康保険組合の設立……………………………………… 175

  設立のメリット／保険料率低下のメリット／自社に適した保健
  事業の実施／その他

 6 健康保険組合の単独設立の手順………………………… 178

  保険料率の試算／設立の申請

 7 設立の留意点……………………………………………… 179

  保険料率の水準／健康保険制度の見直し／自社での運営責任

❷ 共済会 ……………………………………………………… 180

 1 共済会と福利厚生………………………………………… 180

  共済会とは／事業主の福利厚生との関係

 2 共済会のメリット………………………………………… 181

  原資の安定性／労使の共同参画／事業主の福利厚生負担額の軽減

 3 共済会の事業内容………………………………………… 182

 4 共済会の新設の手順……………………………………… 183

  共済会新設のメリット／事業内容の検討／加入対象者の範囲の策
  定／機関設計／会費額と従業員への説明／設立までの準備と告知

❸ 労働組合 …………………………………………………… 189

 1 労働組合と福利厚生……………………………………… 189

2　要求項目としての福利厚生……………………………… 190

　　3　組合員への福祉活動としての福利厚生………………… 190
　　　共済事業／労働福祉活動

　　4　労働組合を支援する組織………………………………… 192
　　　労働金庫／全労済

第8章　官公庁、大・中小企業の福利厚生

■ 官公庁の福利厚生 ………………………………………… 197

　　1　公務員の福利厚生実施の根拠…………………………… 197
　　　国家公務員の福利厚生／地方公務員の福利厚生

　　2　公務員の福利厚生のあり方……………………………… 200
　　　経緯／「住民の理解が得られる」福利厚生／職場規模と福利厚生
　　　／福利厚生目的の再定義

　　3　国家・地方公務員共済組合……………………………… 204
　　　共済組合の種類／長期給付事業／短期給付事業／福祉事業

　　4　職員互助会、職員互助組合……………………………… 207

■ 大企業の福利厚生 ………………………………………… 208

　　1　大企業事業主の福利厚生と類似する事業……………… 208
　　　事業の重複／事業内容の役割分担／加入者の相違

　　2　総合福祉センターによる一元的運営…………………… 212
　　　総合福祉センターの運営形態／総合福祉センターのメリット／福
　　　利厚生の利用申請窓口の一元化／福利厚生関連情報提供の一元化
　　　／福利厚生事務の一元的運用／福利厚生検討体制の一元化／福利
　　　厚生関連の意思決定層の一元化

　　3　報酬全体における福利厚生費水準のあり方…………… 215
　　　福利厚生費の適正水準／現金給与と福利厚生費の割合

■ 中小企業の福利厚生 ……………………………………… 219

　　1　大企業との福利厚生格差………………………………… 219

2　中小企業への福利厚生支援……………………………………… 220

中小企業退職金共済／中小企業勤労者福祉サービスセンター／地
域産業保健センター／中小事業主掛金納付制度（iDeCo プラス）

第9章　福利厚生と税制等

1 事業主への福利厚生の税制 ………………………………… 231

1　非課税所得となる福利厚生……………………………………… 231

2　国税庁基本通達で規定する個々の福利厚生税制…………… 233

永年勤続表彰品／事業主の用役提供／従業員の社宅入居／食事の
支給／その他の非課税となる福利厚生費

3　非課税となる要件……………………………………………… 240

2 共済会への税制 ……………………………………………… 243

1　共済会の税制上の分類…………………………………………… 243

2　福利厚生団体と「人格のない社団」の要件………………… 244

3　共済会給付等にかかわる税制………………………………… 246

共済会の法人種類等と税制／福利厚生団体である共済会等からの
給付等の税制／「人格のない社団」または一般社団・財団法人で
ある共済会からの給付等の税制

3 保険者からの給付にかかわる税制 ………………………… 251

4 カフェテリアプランの税制 ………………………………… 252

1　カフェテリアプランの福利厚生要件………………………… 252

2　メニューごとの非課税要件…………………………………… 254

医療費補助メニュー／介護費用補助メニュー／従業員本人の疾
病予防費用補助メニュー／食事補助メニュー／永年勤続表彰メ
ニュー／その他のメニュー

3　事業主以外が実施するカフェテリアプランの税制………… 259

共済会のカフェテリアプラン／職員互助会等のカフェテリアプラ

（ 10 ）

ン／保険者のカフェテリアプラン

5 社会保険、労働保険と給付 ……………………………………… 261

　　1　社会保険における給付等の扱い…………………………… 261

　　2　労働保険における給付等の扱い…………………………… 264

　　3　社会保険・労働保険とカフェテリアプラン……………… 265

　　社会保険／労働保険

第10章　これからの福利厚生

1 従業員へのライフプラン支援の推進 ……………………… 271

　　1　人口動態の変化がもたらすライフプラン支援…………… 271

　　2　リタイアメント・プラン支援……………………………… 271

　　自助努力の機会の提供／ライフプラン情報の提供

　　3　キャリアプラン支援………………………………………… 274

2 福利厚生アウトソーサーの役割拡大 ……………………… 275

　　1　中小企業の福利厚生支援…………………………………… 275

　　2　人材サービスの広範囲な業務受託………………………… 276

3 今後のカフェテリアプランの役割 ………………………… 278

おわりに……………………………………………………………… 280

参考文献……………………………………………………………… 281

事項索引……………………………………………………………… 287

図表索引……………………………………………………………… 299

第1章

福利厚生とは何か

1 福利厚生の範囲

1 福利厚生とは何か

　福利厚生の見直し等を行う際に踏まえておきたいものとして、「福利厚生とは何か」があります。これには2つの意味があります。ひとつ目は、「福利厚生を何のために行っているか」「福利厚生にはどのような効果があるか」という福利厚生の目的です。目的としては、「新卒者や転職者の採用時に魅力的な人事制度として提示し、採用力を高める」「従業員の満足度を高め、定着を促す」「働きやすい制度を用意して、労働生産性を高める」といったことが考えられます。

　もうひとつは、「何が福利厚生か」というもので、「人事制度や人事施策のうち福利厚生にあたる制度や施策はどれか」「福利厚生の範囲がどこまでか」ということです。

　ここでは、福利厚生の範囲を整理します。福利厚生の目的は、後述します。

　福利厚生の制度や施策を実施するには、費用がかかります。それが福利厚生費です。福利厚生費は、事業主からみれば、給与（手当を含む）・賞与、法定福利費、退職金（退職一時金・企業年金）と並び人件費を構成します。この人件費は、いずれも受け取る従業員（職員も含む。以下、従業員）にとって経済的な受益となります。

　人件費と類似した費用に労働費用があります。これには上記の人件費以外に、教育訓練費、採用・募集費といった費用を含みます。労働費用は、事業主が雇用する従業員にかける費用全体です。従業員にとって経済的な受益とならない費用をも含んでおり、広義の人

件費ということもできます。

> **法定福利費**　社会保険料および労働保険料の事業主負担分の額。社会保険料は、厚生年金保険および健康保険、介護保険の保険料と子ども・子育て拠出金（旧・児童手当拠出金）。このうち、厚生年金保険料および介護保険料は労使折半。健康保険料は、健康保険組合では、事業主が保険料の過半を負担し、被保険者の負担を半分未満にできる。子ども・子育て拠出金は事業主が負担。
>
> 　労働保険料は、雇用保険および労働者災害補償保険の保険料。雇用保険料は、事業主が0.3ポイントを多く負担し、雇用保険2事業に充当。労災保険料は、全額事業主が負担。

2　法定福利費の範囲

　法定福利費は、社会保険料・労働保険料の事業主負担分です。なお、労働安全衛生法で、事業主には定期健康診断やストレスチェック等の実施が義務付けられていますが、その費用は法定福利費とはいいません。ちなみに、一般社団法人日本経済団体連合会（以下、経団連）の「福利厚生費調査」では、福利厚生費に含めています。

> **「福利厚生費調査」**　経団連が、旧日経連であった1955年から毎年度、福利厚生費の内訳、法定福利費の内訳、退職金、現金給与について、加盟企業を中心にアンケート形式で実施している調査・報告。日本の大企業における福利厚生費・人件費の平均とみなせる。福利厚生費に関して毎年度行う定点調査は、他にない。

3　福利厚生費の範囲

　福利厚生費は、法定福利費以外で事業主が行う福利厚生のための費用をいいます。その意味で、法定外福利費ともいいます。事業主

の任意（定期健康診断やストレスチェック等を除く）で実施するものなので、福利厚生費の範囲に関する法定の定義はありません。

　よって、事業主が期待する人事上の効果や目的で実施するのが福利厚生であるという目的論に沿って福利厚生費の範囲は決まります。

　福利厚生の範囲に関する法定の定義はありませんが、目安となる範囲はあります。まず、「福利厚生費調査」での調査項目です（図表1－1）。そこでは、住宅関連費用、医療・健康費用、ライフサポート費用、慶弔関係費用、文化・体育・レクリエ—ション費用、共済会費用の他に、福利厚生代行やカフェテリアプランの費用も含まれています。

　厚生労働省の「就労条件総合調査」でも、労働費用の一部として福利厚生費の内訳を調査しています。経団連の分類に、「就労条件総合調査」の施策例をあてはめたのが、図表1－2です。両者を比較すると、「就労条件総合調査」には、育児・介護支援といった両立支援費用や福利厚生代行に関する項目がないことが大きな違いです。

「就労条件総合調査」　厚生労働省が、就労条件（労働時間制度、賃金制度、定年制度）についてローテーションで実施している調査・報告（常用労働者が30人以上の民間企業が対象）。調査項目には、数年ごとに労働費用として福利厚生費の内訳を含む。最近では、2016年、2011年、2006年に実施。「福利厚生費調査」では分からない中小企業の福利厚生費が分かる。労働費用についても、毎年の調査が望まれる。2007年には特別に福利厚生制度の実施率について調査している。

図表１－１　経団連の「福利厚生費調査」における福利厚生費の範囲

項　目		施　策　例
①住宅関連費用	住宅	・社有社宅、独身寮（管理人などの人件費を含む） ・借上社宅（住宅手当は除く）　・借上独身寮 ・寮における給食費用　・社宅管理委託費用
	持ち家援助	・利子補給　・銀行保証料 ・外部金融機関からの融資金返済一部負担 ・住宅建設費一部補助 ・転勤者の持ち家管理　・住宅財形奨励金
②医療・健康費用	医療・保健衛生施設運営（自社施設管理維持費と運営委託費）	・病院・診療所・医務室、休養室など施設経費（備品費等を含む）　・医師等の人件費 ・外部委託費（医療施設運営委託費、委託ベッド、メンタルヘルス等の相談業務の委託料など） ・工場内の浴場、洗濯施設等の費用
	ヘルスケアサポート（従業員の通院・健康増進に対する補助等）	・診療、入院費補助（差額ベッド代補助を含む） ・労働安全衛生法に基づく健康診断費用 ・法定外健康診断費（人間ドック等） ・健康相談費用（セミナー参加費を含む） ・医薬品等購入費用
③ライフサポート費用	給食	・外部委託費　・直営給食施設運営費（人件費、光熱費、材料費等） ・食券交付・実費給付など給食費補助
	購買・ショッピング	・販売施設運営費（直営、委託を問わず、売店、クリーニング店、理髪所等生活関連施設） ・生活共同組合、購買会の運営上の経費 ・自動車関連費用補助 ・ショッピング等費用補助（通信販売、商品券割引など） ・自社製品の無料または割引販売費用
	被服	・事務用制服、ユニフォーム ・作業服、作業靴（安全衛生上の必要から、支給・貸与しているものを除く） ・被服クリーニング費用
	保険	・団体生命保険などグループ保険料会社負担額（従業員を被保険者とする生命保険料等の補助） ・保険の相談補助費 ・保険セミナー実施費用（ライフプランセミナーを除く）
	介護	・サービス利用費補助（介護関連施設・介護タクシー利用補助等） ・介護積立費用補助 ・介護相談費補助　・用品購入費用補助
	育児関連	・託児、育英施設費用（直営、委託を問わず） ・保育士等の人件費 ・奨学金・保育サービス利用補助・育児、教育相談費用補助　・教育ローン補助（利子補給等） ・用品購入費用補助

項　目		施　策　例
	ファミリーサポート	・遺族、遺児年金　・冠婚葬祭費用補助 ・引越し費用補助　・ライフプランセミナー費用 ・ホームヘルプ費用補助（家事、住宅清掃管理等。介護サービスは除く）
	財産形成	・退職関係費用積立補助　・持ち株奨励金 ・財形給付金、奨励金（住宅財形貯蓄の奨励金は除く） ・外部金融機関提携ローン利子補給（住宅ローン、教育ローンは除く） ・金融関係相談費用補助（コンサルティング等）
	通勤バス・駐車場	・通勤用バス（運転手の人件費、チャーター料、維持費、減価償却費を含む） ・駐車場、駐輪場などの施設費
	その他のライフサポート	
④慶弔関係費用	慶弔金	・会社が支給する慶弔見舞金 ・永年勤続表彰金（旅行券など現物給付を含む） ・（定年）退職者の記念行事、表彰金、記念品
	法定超付加給付	・健保、労災の法定付加給付以外に付加的に企業が給付するもの（健康保険組合からの付加給付を除く）
⑤文化・体育・レクリエーション費用	施設・運営 （自社施設管理維持費と外部委託契約費）	・保養所などの自社保有施設（人件費、減価償却費を含む）　・保養所等運営委託費 ・体育館、グラウンド、テニスコート、図書館、ホール等施設費用 ・スポーツクラブなど各種施設契約料
	活動（個人・グループ活動への補助等）	・講演会、講習会、文化祭、職場親睦活動（社員旅行等）などの行事の開催費 ・職場サークル、部活動補助 ・外部施設個人利用補助（フィットネスクラブ・ゴルフ場等） ・個人旅行等補助 ・各種自己啓発活動補助（資格取得などのための補助） ・ボランティア活動補助
⑥共済会費用	会社拠出金	・共済会、OB会への会社拠出金（ただし、共済年金の使用者拠出金は除く）
⑦福利厚生管理・運営費用	福利厚生代行サービス費	・契約金　・年会費 ・システム運営費　・委託費
	カフェテリアプラン消化ポイント費用総額	・カフェテリアプランにて、従業員へ付与したポイントのうち、本調査対象期間中に消化されたポイントの総額費用
⑧その他	その他	

出所：経団連「福利厚生費調査結果報告」をもとに筆者作成

図表1-2　厚生労働省の「就労条件総合調査」における福利厚生費の範囲

福利厚生費調査での分類	就労条件総合調査で該当する施策例
①住宅関連費用	住居関連費用
②医療・健康費用	医療保健関連費用
③ライフサポート費用	食事関連費用
	売店運営の費用
	私的保険制度への拠出金
	財形貯蓄への拠出金、持株援助費用
	通勤バスの費用
④慶弔関係費用	慶弔見舞等費用
	労災付加給付費用
⑤文化・体育・レクリエーション費用	文化・体育・娯楽関連費用
⑥共済会費用	共済会拠出金
⑦その他	その他

出所：厚生労働省「就労条件総合調査」より筆者作成

4　福利厚生費の会計と税務

　福利厚生費は、企業会計上は一般に費用として扱われています。企業会計は、企業会計原則にのっとって費用を分類します。企業会計原則は法令ではありませんが、会社法でいう「公正なる会計慣行」、証券取引法でいう「一般に公正妥当と認められる企業会計の基準」は、企業会計原則を指すものとされています。

　企業は会計上の決算書をもとに、税務申告用の決算書を作成します。会計上は費用として扱った福利厚生費は、税務上も損金となるものと、損金とはなっても給与所得とみなされ、従業員に所得税が課税されるものがあります。

　よって、会計上は福利厚生費であっても、税務上は給与所得となることがあり注意を要します。例えば、財形貯蓄制度で給与控除で

拠出した掛金に対して事業主が上乗せした奨励金は、会計上は福利
厚生費ですが、税務上は給与所得とされます。また、カフェテリアプ
ランにおいて消化されたポイントは、会計上は福利厚生費ですが、メ
ニューによっては税務上は給与所得になります。

2 日本の福利厚生の成り立ち

　日本の福利厚生の福利厚生の成り立ちを知ることで、事業主にとっての福利厚生の必要性や本来的存在意義が明らかになります。

1　明治～戦前

　日本の福利厚生は、1872年に操業を開始した富岡製糸場の開所に遡ることができます。殖産興業政策の下、全国から女工を募集しスキルを習得させ、製糸業を全国に展開し、輸出産業に育てることが目的でした。全国から募集した女工たちが暮らす宿舎（図表1－3）は、今でいう寮・社宅制度の原型といえます。同じく食事をとる食堂や女工たちの傷病に備える診療所等も併設されました。これらに

図表1－3　富岡製糸場の寄宿舎

出所：筆者撮影

加え、学校や裁縫等の修得の場もありました。宿舎、食堂、診療所、学校等は、労働力を確保し維持する上で欠かせない設備といえます。労働力が生産に不可欠である以上、こうした福利厚生施設も生産設備と同等に不可欠でした。

　日本の産業革命期である1905年に経営が本格化した日立鉱山においても、福利厚生施設・制度は生産活動を維持するために生産設備と同等の重要性を持っていました。山奥の鉱山が事業場であるため、鉱夫長屋が社宅として設置されました。それは、麓からは通えないためと、全国から鉱夫を集めたためです。また、麓まで買い出しに行く必要がないよう、食品や生活用品の購買所もあり、事業主の負担で市価よりも安く購入できました。これは、優秀な鉱夫は他の鉱山との人材争奪が伴うため、定着を図り、他の鉱山に見劣りしない生活環境を提供する必要があったからです。

　鉱夫に娯楽を与え、家族と寛ぐ場として、「共楽館」と呼ばれる劇場も建設されました。その他に、多くの鉱山では、事業主がスポンサーとなって神社の祭りを提供したり、学校や幼稚園を作ったりすることも欠かせませんでした。

　同じく1905年に鐘淵紡績が鐘紡共済組合を設立し、従業員の傷病、死亡、退職において給付金を支給する相互扶助の制度を始めました。これは、社会保険が創設される以前において、職域で働く従業員に定着をもたらす大きな役割を果たしました。

　これらの施設・制度は、今に続く社宅・寮、社員食堂、診療施設、購買所、社員クラブ、保養所、体育館、グラウンド、共済会・職員互助会の原型といえます。

－ 11 －

2 戦後～バブル期

(1) 労務管理としての福利厚生

　戦後の高度成長期には、都市部における労働力確保のため、全国から集団就職者(図表1-4)を集めました。彼らは地方出身なので、事業主は住居として独身寮を提供しました。結婚して世帯を構えた後には住宅を持たせるため、持ち家取得支援が定着しました。

　さらに、日本経済が高度成長を続けるなかで、人材の確保と定着を目的に福利厚生投資が拡大されました。福利厚生を労務管理の手段と位置付けることで、企業経営との整合性が図られ、福利厚生の

図表1-4　上野駅の集団就職者

上京した学生の先導者は、東京都労働局の旗を掲げている

充実は一段の正当性を得ました。事業主に待遇改善を要求する労働組合の存在も福利厚生の充実に一役買いました。

　特に社宅・寮と保養所は、人材確保と定着にとって目玉となる福利厚生でした。住居確保が困難な都市部において、低廉な使用料で入居できる社宅・寮、そして箱根、軽井沢、伊豆といった一流の行楽地にありながら、家族で安い料金で宿泊できる保養所も人材の確保と定着の手段として重要でした。福利厚生費を施設に投資し、従業員の勤務先に対する満足度を高めて長期勤続を促進しました。

持ち家取得支援　従業員に家を持たせるための福利厚生制度での支援。制度としては、社宅制度、財形住宅貯蓄、社内住宅融資と利子補給等。かつて、地方から若年の新卒従業員を多く採用しており、同時に都市部では住宅供給数が不足したため、事業主の支援が求められた。空き家が増え、住宅供給過多の時代になっても、大企業ではその考え方が根強い。

---

(2) 役割が変わる福利厚生

　産業構造の変化、すなわちサービス産業の発展は、福利厚生の役割に変化を促しました。飲食店が増え、都市部であれば食事の場所に不自由しなくなった現在において、社員食堂は単に食事を提供する場から、食事を通じた従業員等の健康管理や従業員間のコミュニケーションの場としての役割が大きくなってきました。

　ＴＤＲ、ＵＳＪ、リゾートホテルのような余暇産業が発展し、多くの余暇施設が市場に生まれたことから、事業主が積極的に余暇の手段や場所を提供する必要性は低下しました。この結果、保養所や従業員会館といった施設、会社が主催するイベントの目的は、娯楽の提供ではなく、家族や職場の同僚とのコミュニケーションやリフレッシュの場と位置付けられるようになりました。

－ 13 －

社宅も、市場からの住宅供給戸数が必要戸数を上回るようになったことで、従業員の住む場所を確保するという役割でなく、転勤を伴う人事異動を円滑に進める手段と位置付けられています。独身寮も、住む場所を提供するというより、若手従業員の住居費負担の軽減や教育効果を狙いとするようになっています。

1961年に「国民皆保険」および「国民皆年金」が実現し、公的医療保険制度と公的年金制度が全国民に提供されるようになりました。その後も社会保険が充実・整備されるにしたがって、事業主が従業員の生活保障を直接行う必要性が相対的に低下しました。どの勤務先であろうと同じように社会保険に加入できるため、福利厚生が持つ相互扶助の役割が相対的に後退したからです。

「国民皆保険」　全国民が、医療保障を受けられるよう何らかの公的医療保険制度に加入する仕組み。職業や年齢により、加入する公的医療保険制度が異なる。民間サラリーマンは健康保険（健康保険組合または全国健康保険協会（協会けんぽ）のいずれかに加入）、公務員は国家公務員共済組合、地方公務員共済組合、私立学校教職員は私立学校教職員共済組合、非雇用者は国民健康保険（市町村が運営する国民健康保険または特定の職業で構成する国民健康保険組合のいずれかに加入）、75歳以上は後期高齢者医療制度にそれぞれ加入。

「国民皆年金」　全国民が老後の生活保障を受けられるよう公的年金制度に加入する仕組み。被用者（民間サラリーマン、公務員、私立学校教職員）は厚生年金保険に、非雇用者は国民年金に加入。公的年金制度に準ずる公的な年金制度として国民年金基金がある。この他に、公的年金制度の上乗せとして、iDeCo（個人型確定拠出年金）、中小企業退職金共済（中退共）、小規模企業共済があり、特定の業種向けに、建設業退職金共済、清酒製造業退職金共済、林業退職金共済がある。

(3) 新たに生まれた福利厚生

　産業・人口構造の変化によって、新たに必要となった福利厚生もあります。例えば、事業所内託児施設等の育児支援です。戦後の都市化と工業化に伴い、都市部の家族は核家族化が進み、同時に住居と職場は分離しました。それによって、妻が自宅で育児を行う「専業主婦」が定着しました。その後、男女雇用均等法等の政策やバブル崩壊後の景気低迷で家計所得が伸び悩みました。それらを背景として、女性の就業率が高まるなかで、家族内での育児が困難となり、託児ニーズが発生し、育児支援の福利厚生が必要になりました。

　介護支援の福利厚生も、同様に家族内での介護マンパワーが不足していることで必要となりました。

　こうして、福利厚生に両立支援という新たな分野が生み出されることになります。

3　バブル崩壊

　1990年から始まったバブル崩壊は、1997年に一気に深刻化しました。企業業績の悪化とともに、人事運用は「年功序列」から成果主義に変わり、誰もが安定した会社生活を送れる時代は終わりました。同時に、リストラ（解雇、希望退職）が本格化し、大企業でも「終身雇用」の維持は困難になりました。景気低迷で転職先も少なくなり、自主的な転職も減少したため、福利厚生を充実しなくとも雇用は確保できました。さらに、企業業績の悪化に対応して社有資産を売却する必要も生じ、保養所の売却も進みました。これにより、社宅や保養所に投資し、従業員やその家族の満足度を高め、長期勤続を促す「施設投資型福利厚生」は見直しされました。

バブル崩壊とともに地価も下落して、それに応じて福利厚生費の住宅関連費用も減少していきました。福利厚生相当額を手当化する動きや、退職金を廃止して手当として給与に上乗せする動きもみられるようになりました。

　こうした福利厚生費の削減対応策として、この頃に福利厚生パッケージやカフェテリアプランが登場しました。

バブル崩壊　日本の経済・雇用・福利厚生に大きく影響を与え、変化をもたらした経済現象。国民の資産の価値・価額が実体以上に膨張した状態がバブル。1990年から株式市場のバブルが、1992年から不動産のバブルが崩壊。しかし、その後、1996年頃までは大きな景気悪化はみられなかったが、不動産価値の下落が金融機関の信用不安を招き、1997年に山一證券、北海道拓殖銀行という大手金融機関が破たん、それらをきっかけに連鎖的に企業が倒産し、不況に突入、企業業績も悪化。従業員の新規採用も絞られ、「就職氷河期」となった。また、コスト削減から「リストラ」と称し従業員の希望退職も大規模に実施された。「就職氷河期」は、男性未婚率の上昇、非正規従業員との待遇格差の一因となっている。

---

4 アベノミクス以降

(1) 多様化する労働力

　21世紀に入って小泉内閣のもとで2003年から景気が回復しました。2008年のリーマンショックと2011年の東日本大震災を経て、2012年からのアベノミクスによる金融緩和や財政出動等の他、2020年のオリンピック・パラリンピックに向けた需要拡大により企業業績は好調となりました。人口減少社会が本格化し、人材確保が困難になりましたが、従前のような長期勤続を目的とする社宅・寮や保養所等の「施設投資型福利厚生」が復活することはありませんでした。終身雇用の考え方が薄れたことと、人手不足のなかで、今まで

ワーク・ライフバランス　「仕事と生活の調和」を意味し、内閣府によれば「国民一人ひとりがやりがいや充実感を持ちながら働き、仕事上の責任を果たすとともに、家庭や地域生活などにおいても、子育て期、中高年期といった人生の各段階に応じて多様な生き方を選択・実現できる」状態をいうとされている。2007年に政府が「ワーク・ライフバランス憲章」を採択した。本来、長時間労働の是正も含まれているが、狭義では、ワーク・ライフバランス推進は、両立支援施策と同一視されることもある。

　ワーク・ライフバランスの近接概念として、「ライフ・ワークバランス」は仕事より生活が優先するという考え方、「ワーク・ライフインテグレーション」は、仕事と生活を別々に捉えずに、相互に好影響を与えるものとする考え方、「ディーセント・ワーク」は、1999年にILOが提案、仕事はやりがいのある人間らしい適正なものであるべきとする考え方がある。

「健康経営®」　事業主が従業員の健康に配慮することによって、経営面においても大きな成果が期待できるとする経営戦略。事業主が積極的に従業員の疾病予防・健康増進施策を実施。プレゼンティーズム・アブセンティーズム、退職者の減少や、医療費の抑制にとどまらず、従業員の活力向上や労働生産性の向上等が組織の活性化をもたらし、業績向上や組織の価値向上へ繋がると期待される。

　1992年に米国のロバート・ローゼンが提唱した「ヘルシー・カンパニー」が端緒とされる。米国では健康経営への投資が十分なリターンがあることや、「優良健康経営表彰企業」の企業価値が平均より高いことも例証されている。

　日本では、過労死、うつ病の抑制による労働力の確保、国民医療費の抑制等の観点から、政府も推進。2012年からDBJ「健康経営格付」融資、2014年から「健康経営銘柄」、2017年から「健康経営優良認定法人（ホワイト500）」等が開始。経済産業省は『企業の「健康経営」ガイドブック』を作成し、普及に努めている他、厚生労働省も『データヘルス・健康経営を推進するためのコラボヘルスガイドライン』を作成している。

　なお、「健康経営」は、ＮＰＯ法人健康経営研究会の登録商標。

大企業では中核人材として位置付けられてこなかった女性従業員の定着と一層の活躍が求められるようになったため、優先順位が下がったのです。そこで、家庭と仕事の両立を支援するワーク・ライフバランスを推進する福利厚生が重視されました。また、メンタル不全や過労死が増えるなかで、従業員の疾病要望・健康増進といったヘルスケア支援の福利厚生も重視されました。これはその後「健康経営」として推進されています。さらに「人生100年時代」が間近くなり、従業員自身が自立してキャリアプラン、ライフプランを考えることができるようなライフプラン支援も充実が進んでいます。

(2) 福利厚生目的の変化

　福利厚生の目的は、従業員の満足度を上げ、長期勤続を促進するものから、働きやすい職場環境を提供し労働生産性を高めるためのものに移りました。つまり、目的が長期勤続促進から、労働生産性向上へと変わり、福利厚生費の投資先も、「施設」から「従業員」に変わりました。

　「施設投資型福利厚生」から、ワーク・ライフバランス支援、ヘルスケア支援、ライフプラン支援の「従業員投資型福利厚生」の変化をバブル崩壊を挟んだ環境変化とともに示したのが、図表1－5です。

　ここで注目されるのは、「従業員投資型福利厚生」は、人口動態の変化に影響を受けているということです。ワーク・ライフバランス支援は、事業主にとっては女性人材の確保・離職の防止ですが、国にとっては少子化対策です。ヘルスケア支援は事業主にとってはアブセンティーズム、プレゼンティーズムの解消ですが、国にとっては高齢化に伴う国民医療費抑制です。ライフプラン支援は少子高齢化と長寿化で社会保険が抑制傾向にあることによる従業員の将来不安

－ 18 －

図表1-5　福利厚生の目的と分野の変化

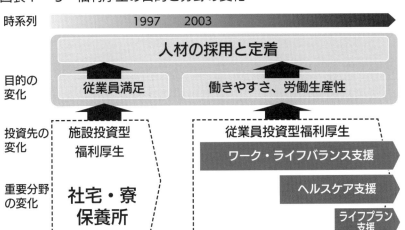

出所：可児俊信「実践！福利厚生改革」日本法令

に対応したものです。

> アブセンティーズム　病気による欠勤や休職、あるいは遅刻、早退などで職場にいることができず業務に就けない状態。労働力の減少をもたらす。

> プレゼンティーズム　出社はしているものの、心身の不調により、業務上で本来のパフォーマンスが発揮できない状態。心身の不調とは、頭痛や胃腸痛、軽度うつ、花粉症によるアレルギー症状といった体調不良も含む。労働生産性の低下をもたらす。

3 福利厚生費を含む人件費の動き

　福利厚生費は、人件費の一部ですので、人件費の総額および他の人件費項目の増減によって、支出可能額は制約を受けます。人件費は、図表1－6のように、給与・賞与、法定福利費、福利厚生費、退職金費用の項目で構成されています。

図表1－6　人件費の内訳

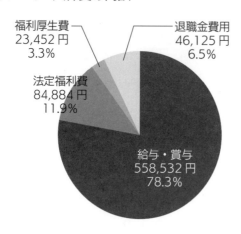

出所：経団連
「福利厚生費調査(2017年度)」
注）従業員1名あたりの月額

1　給与・賞与

　2017年度の「福利厚生費調査」によれば、人件費総額に占める給与・賞与の割合は78.3％と人件費総額の3/4以上を占めています。その額は、賞与を含む年間現金支給額を12月で除して月額558,532円／名です。
　昇給の起点となる初任給は、1995年頃までは順調に引き上げられ

てきましたが、それ以降は、20万円をいくらか超えた金額で2003年以降ほとんど引き上げられませんでした。2016年頃から人材確保を理由に初任給の引上げがようやく再開されました。

また、年功序列の人事運用が崩れ、成果主義に移行したことから、昇進・昇格も滞りがちになり、入社後の昇給率も鈍っています。結果として生涯年収は、1990年代前半頃をピークに低下傾向にあります。

2 法定福利費

　法定福利費は社会保険料と労働保険料の事業主負担分です。社会保険料の割合が9割以上を占め、労働保険料は7％程度に過ぎません。社会保険料は、少子・高齢化のなかで、保険料率が引き上げられています。「福利厚生費調査」では、2017年度は月額84,884円/名です。社会保険料は給与（報酬）に保険料率を乗じて算定されますので、給与が増えれば保険料も増えますが、保険料率も引き上げられているため、昇給率以上に増え、人件費に占める法定福利費の割合は11.9％になっています。今後も少子・高齢化の進展で、健康保険料・介護保険料を中心にさらに負担増が見込まれます。法定福利費の負担増が福利厚生費の支出に影響を与えることになると考えられます。

　一方で、労働保険料は、機械化や安全意識の浸透で労災件数は減少し、人手不足で基本手当の給付も減少していることから、労災保険、雇用保険とも保険料率は低下傾向にあります。

3 福利厚生費

　福利厚生費は、同調査では、2017年度は月額23,452円/名となっ

ています。

　人件費総額に占める割合は3.3%です。

　1990年代前半は、企業業績が好調であったことと、地価の上昇により、従業員の住宅費負担が重くなったことから、事業主が住宅関連の福利厚生を積み増したことを理由に、人件費総額に占める割合は、1993年度で4.3%になりました。その後の低下は、地価の下落と企業業績の悪化により住宅関連の負担が減少したためです。福利厚生費の内訳の推移を示したものが、図表1－7です。

図表1－7　福利厚生費の分野ごとの推移

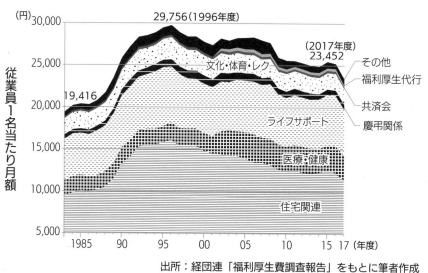

出所：経団連「福利厚生費調査報告」をもとに筆者作成

4　退職金費用

　退職金費用は、退職一時金と企業年金の掛金およびその運営管理費用をいいます。2017年度は月額46,125円/名であり、人件費総

額に占める割合は6.5％です。この割合は、経済環境によって変動しています。90年代後半から2002年度までは、リストラによる退職一時金の支給件数の増加、希望退職に伴う退職金の割増加算、そして企業年金の積立不足に伴う掛金の追加拠出によって、退職金費用は増加していました。その後は景気が回復し、同時に企業年金の運用環境も改善すると、退職一時金の支出も減り、企業年金の掛金の追加拠出が少なくなったため、退職金費用の割合は低下しました。

4 福利厚生の目的と効果

1 福利厚生の目的

　福利厚生の実施目的について企業に尋ねたアンケートが、図表1－8です。新卒・中途従業員の採用、従業員の定着、さらに労働生産性の向上、モチベーションの引上げが挙げられています。

　2013年以降は、円安、アベノミクスや東京オリンピック・パラリンピックに向けた好景気期待から人手不足の状態が続いています。事業主は福利厚生を充実させ、待遇を改善し、人材の確保・定着を図っています。図表1－9は、新卒学生が就職先を選定する際に、待遇として福利厚生を重視していることを示しています。

　労働市場が売り手市場になるにつれ、給与以外の条件が着目されるようになります。志望する業種や職種が絞られると、給与面では大きな差がみえません。相対的に給与以外の待遇である福利厚生、労働時間、休日等が企業選択の大きな判断要素となってきます。特に女性は、結婚しても出産しても働き続けることができる職場環境であることを重視する傾向にあります。

　就職した後は、勤務先の福利厚生の利用が自身にとってメリットとなると考えることで、勤務を続けるインセンティブとなります。言い換えれば、福利厚生は人材の採用だけでなく定着においても有効な手段です。

　福利厚生が定着にも有効であることは以前から認識されていましたが、有効と考えられる福利厚生制度が変わってきています。1990年代前半までは、社宅・寮等を提供することで従業員に勤務先への

図表 1 - 8　福利厚生の実施目的

※複数回答

出所：ベネフィット・ワン「福利厚生ニーズ調査」(2014年)

図表1-9　新卒学生の就業先選択基準

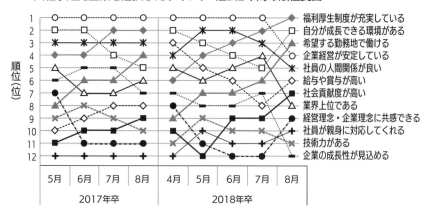

出所：マイナビ「マイナビ学生就職モニター調査」

満足度を高め、長期勤続を促していました。また、保養所等の余暇施設を整え、家族で利用させることで家族を含め勤務先への満足度を高めてきました。従業員の満足度を高め、長期勤続を促す「施設投資型福利厚生」でした。

しかし、現在は、先に述べたワーク・ライフバランス支援、ヘルスケア支援、ライフプラン支援の３つの福利厚生分野を重視して労働生産性や働きやすさの向上等を促す「従業員投資型福利厚生」の時代です。入社志望者や従業員は、「結婚・出産しても勤め続けられるだろうか」「体を壊すことなく仕事に打ち込めるだろうか」「キャリアアップにつながるだろうか」という視点で就職先を選定します。大企業であっても入社すれば安泰というわけではありません。ましてや中小企業に勤めようと考える場合は、大企業以上に自分が成長できる、働きやすい、働きがいのある職場かどうかが問われます。

労働生産性 生産性とは、経営資源の投入量と生産量の比率。人的資源の投入量に着目したものが労働生産性。労働効率を表す指標であり、分子の生産量を分母の労働量で除した値。分子には付加価値額（売上から売上原価を控除した売上総利益に近く、利益や人件費、地代等を含む）を用いることが多く、特に付加価値労働生産性ということもあるが、販売市場環境、経営環境の変化によって付加価値額は常に変化するため、労働生産性の向上を測定する際には安定性を欠く。よって、生産量やサービスの提供量を用いた方が、指標として継続性が高いことがある。分母の労働量は労働時間や就業人数を用いる。労働生産性向上の手段として、ICT や AI の活用、テレワークや直行直帰等でフレキシビリティを高めて、外部からの働きかけで仕事の効率を高める方法の他に、従業員のモチベーションを高めたり、自己啓発の推奨・研修の実施、健康増進支援、プレゼンティーズムの抑制等によって、従業員の内部からその力を引き出すことで高める方法がある。後者が福利厚生の役割といえる。

2 福利厚生と給与との違い

待遇を改善する際、給与の引上げがよいのか、福利厚生等の給与以外の充実がよいのか、両者のメリットについて福利厚生を中心に比較してみます。

従業員にとって福利厚生に比べて給与が優るのは、流動性がある上、使途が自由な点です。生活費に直接充当することも、将来の貯蓄にも回すこともできます。よって、通常、従業員は生活を向上させるために、現金の増加、つまり給与の増加を求めます。しかし、福利厚生には従業員にも、事業主にとっても、給与と異なるメリットがあります。

(1) 従業員満足度向上に差

給与は労働の対価であることから、従業員は給与の引上げを当然のことと捉えやすいです。それどころか昇給幅が少ないと、自らの社

業への貢献に見合っていないとして逆に不満の原因となることさえ
あります。

　それに対して福利厚生は、役職・勤続年数や業績・成果によって
の差がないことから、労働の対価ではなく事業主からの恩恵として捉
えられ、会社へのロイヤルティを高める結果となります。慶弔給付を
受け取ったとき、豪華な法人契約のリゾート施設に家族で宿泊した
とき、フィットネスクラブを法人料金で安く利用できたときなど、恩
恵を感じます。

(2) スケールメリット

　福利厚生は、事業主が従業員全員分をまとめて提供することから、
従業員個人への支給である給与に比べスケールメリットが働き、割
安な負担で同等の受益が可能です。事業主が負担できる人件費の総
額は限られているので、福利厚生で支給する方が従業員全体の受益
総額を高めることができます。

　例えば、個人で生命保険に加入する場合、銀行口座から保険料を
振替えるより、給与控除の方が保険料は割安となることがあります。
Ｂグループ保険のように、事業主が従業員を一括で募集・契約管理
することで割安となるものもあります。また、個人でフィットネスク
ラブの会員となるより、勤務先が法人会員となっているフィットネ
スクラブを利用する方が、利用頻度が多くない場合は割安です。

　Ｂグループ保険　生命保険会社と事業主、共済会、共済組合等が契約し、そ
の従業員等を被保険団体とする保険期間１年間の死亡および高度障害を保障
する「掛け捨て」の団体定期保険。従業員が任意で加入し、保険料を給与控
除で負担する。その団体内の死亡率が低い年度は配当金が加入者に還元され、
実質負担保険料が軽減する。個人で加入する生命保険と比べて保険料が割安
であるとされる。

－ 28 －

(3) 実質的な手取り増

　給与が上がると、その分、所得税・住民税等も増加します。給与は報酬・賃金として、社会保険料・労働保険料の算定の対象となるため、社会保険料等も増加します。そのため、給与の引上げがそのまま手取りの増加にはなりません。

　福利厚生は、所得税・住民税が非課税となるものも多い上、社会保険料等の算定上も報酬とはみなされないものがほとんどです。よって、手取りで比較すると福利厚生の方が給与よりも有利となります。

(4) 給与の引上げは他の人件費負担にも波及

　給与の引上げは、残業代等の算出に用いる賃金単価にも波及します。また、退職金額にも波及します。例えば、退職給付額算定式が「退職時の基本給×勤続年数に応じた係数」または企業年金の掛金額算定式が「基本給×掛金率」であれば、基本給のアップが、退職給付の費用増につながります。

　給与は引き上げると、下方硬直性が強く、業績が悪化しても引下げが難しいです。それに対して、福利厚生は、給与ほど重要な労働条件として捉えられておらず、労使交渉によって引下げの可能性も高まります。

額面と手取り　給与や賞与の額面支給額から、社会保険料・労働保険料および所得税・住民税を差し引いた可処分所得額。手取り率（1−可処分所得額÷額面支給額）を高めることで、手取りの増加につながる。

---

3 福利厚生の効果

これまで述べた福利厚生の目的や給与との違いを、福利厚生の効果という点で整理します。

(1) 事業主にとっての効果

①従業員の採用・定着面の効果があります。給与の引上げと比べて、必要となる原資が少なくて済むことも事業主にとってのメリットです。

②自己啓発の支援や、従業員の疾病予防・健康増進面、育児・介護との両立を行う従業員の支援等を、福利厚生を通じて支援することにより、人材育成の効果を持ちます。給与では、従業員がもらった給与で自己啓発を行うとはかぎりません。つまり、福利厚生は事業主が負担した費用の使途を限定できます。

③福利厚生によって、従業員が「働きやすさ」を実感すれば、より意欲的に働きます。これは、事業主にとって労働生産性の向上を意味します。人口減少社会では、労働生産性の向上は重要な経営課題であり、福利厚生はそれを実現できます。

(2) 従業員にとっての効果

①福利厚生は、住宅や育児・介護の支援、財産形成の支援等、生活保障の効果を持ちます。よって、福利厚生の充実している勤務先なら、従業員は安心して働けます。これによる一層の定着とロイヤルティの醸成が期待できます。

②こうした生活保障の効果は経済的にも評価できます。社宅の使用料が周辺の家賃相場より安ければ、その差額は実質的な手取

り増として経済的メリットです。その他、育児や介護における
金銭的支援や財産形成における事業主の補助、事業主が法人契
約するリゾート施設やフィットネスクラブを従業員が法人割引
料金で利用できる点にも同じ効果があります。

　法人契約は、個人契約に比べて、割引も大きいです。つまり、
福利厚生はスケールメリットによって低廉な料金を実現すると
いう効果もあります。

③福利厚生を通じて育児・介護の支援や疾病予防・健康増進の支
援、さらには自己啓発の支援が受けられることで、従業員はより
働きやすい環境を手に入れることができます。「働きやすさ」を
もたらす職場なら、従業員も成果を上げやすいです。

④「働きやすさ」は、「働きがい」のある職場の重要な要件です。「働
きがい」は主観的であり、内面的です。「働きやすさ」は客観的で
あり、外部的です。よって、「働きがい」は提供するものではなく、
実感するものですが、「働きやすさ」は提供できます。

「働きやすさ」　仕事を効率よく行うことができ、精神面・身体面で必要以上
の負担がない状態。こういう職場が働きやすい職場。働きやすい職場を客観
的かつ外部的であることから、事業主や従業員の協力を得て作り出すことが
できる。具体的には、家庭や生活の事情に合わせて、柔軟に勤務時間や勤務
場所を選択できる、必要に応じて費用支援がある、従業員の能力アップや健
康増進を支援する仕組みがある、社内や上下間のコミュニケーションが取れ
ており、会社の方針等も開示され、それを反映した仕事をすることができ、情
報がないことによる無駄な仕事が発生しない。働きやすい職場では従業員が
成長し、成果を出せると考えることから定着率の高まりが期待できる。

「働きがい」 「働きがい」のある職場とは、自身の成長につながる、職場の同僚や組織、取引先、顧客に貢献できる、労働の結果が評価や待遇の改善につながる、のうち、本人の価値観に合ったものが得られる職場。いずれに価値を見出すかは本人次第であるため、「働きやすさ」とは異なり、「働きがい」は主観的かつ内面的。しかし、「働きやすさ」による成長や成果発揮があることで、「働きがい」を醸成できる。

第2章

福利厚生を取り巻く環境

1 人口動態の変化と労働者の多様化

1 少子化

　戦後、ほぼ一貫して出生数は減少してきました。年間の出生数は、戦後すぐのベビーブーム（1947〜1949年）では260万人を超えていました。次第に減少し、200万人を下回ったのは1953年、その後180万人まで減少しましたが、ベビーブームで生まれた「団塊の世代」が結婚・出産年齢に入り、第2次ベビーブーム（1971〜1974年）には年間200万人以上の出生数となりました。

　その後は、再度減少に向かい、1985年には150万人を下回り、2016年には100万人を下回るまでになりました（図表2-1）。

図表2-1　出生数と合計特殊出生率の推移

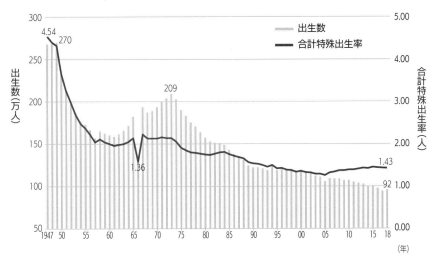

出所：厚生労働省「人口動態統計」

少子化は合計特殊出生率を指標としても表されます。男性は子どもを生めませんし、成人するまでに亡くなる子どももいるため、1人の女性が2.07人以上の子どもを生まないと人口は減少します。これを人口置換水準といいます。

　合計特殊出生率は、戦後すぐの時点では4.00を超えていましたが、1952年には3.00を割り込み、1959年には2.04と人口置換水準を割り込みました。その後、第2次ベビーブーム到来で2.16にまで回復しましたが、その後は2005年まで低下を続けています。

　出生率低下が問題視され始めたのは、合計特殊出生率が1.57となった1989年頃からです。この頃は、出生率低下の原因が掴めず、「女性の高学歴化が晩婚・晩産を招き、出産適齢期が短くなった」「住宅事情や教育費負担が複数出産を妨げている」等の解釈がありました。しかしながら、1990年代後半から景気が悪化して労働力が余剰となっていましたので、出生率低下は政策上の優先課題とはなりませんでした。

　2003年から景気が回復し、人手不足となった頃から出生率の低下は政策課題として、また企業の業容拡大を妨げる課題として注目され、対策が打たれ始めました。ワーク・ライフバランスという考え方のもと、日本の職場は長時間労働である上、育児と家庭を両立できにくいことが女性の出産をためらわせているという総意を得ることができました。2005年には事業主に育児支援施策の実施を迫る「次世代育成支援対策推進法」が施行されました。2007年には少子化対策担当大臣も設置されました。

　少子化は、事業主にとって供給と需要の両面で大きな問題があります。まず、人材を採用する際に、若年人口が少ないと十分な数の採用が確保できないことです。毎年の出生数は、高卒であれば18年

後、大卒であれば22年後の新卒者数、新規労働力数に反映します。出生数の減少は、新卒採用が将来ますます困難になることを示しています。

　もうひとつは、少子化はやがて人口減少に結び付き、消費市場としての国内市場が縮小し、企業の国内売上げに影響することです。

> **合計特殊出生率**　統計的に算出したひとりの女性が一生に生む子供の数。ある年におけるある年齢の女性の出生率（ある年齢の女性の出生数÷ある年齢の女性数）を15歳から49歳まで合計して算出。実際にある女性が生んだ子供の数を追跡調査したものではない。合計特殊出生率が上昇しても、出産適齢人口が少なければ、出生数の増加には結び付かない。

2　労働力人口の減少

　少子化が進み、新たに労働力として流入する人数が減少し、定年退職等により流出する人数を上回れば、労働力人口が減少します。労働力人口が減少すれば、職域で働く従業員数は減少し、新規の雇用も困難となります。こうして人材確保が困難になるなかで、非労働力と位置付けられてきた、専業主婦、高年齢者、障害者、病気療養者、外国人等を労働力とすべく、多様な労働者が働きやすいように職場環境の改善が行われています。「働き方改革」と称されますが、育児、介護、家庭と仕事、治療と仕事の両立を支援する社内制度の充実、具体的には職場以外で働ける社内インフラや制度の整備、多様な従業員が最も効率よく働ける就業規則の改定、各種の助成、福利厚生制度の整備、人事評価制度の見直し、職場の意識の改善等が進められています。

　国も推進に向けた法整備を不断に進めています。ワーク・ライフ

－ 37 －

バランスの推進だけでなく、ダイバーシティ経営は、こうした多様な
バックグラウンドを持つ労働力が働くことで従業員や職場が活性化
し、業績や企業価値の向上につながるとする考え方であり、人材戦略
でもあります。

労働力人口　15歳以上の人口のうち、働く能力と意思のある者の人口。具体
的には雇用されている者、自営業者、休業者、失業者の人数。非労働力人口と
は、学生や専業主婦、高齢者等。

「働き方改革」　2014年の「日本再興戦略」に初出。2016年に「働き方改革
実現会議」で具体化。人口減少のなかで、生産力と消費力を確保するため、今
まで労働力とみなされていなかった人が働ける環境を整備したり、既に働いて
いる人をより高い労働生産性で働ける環境を整備する。
　これにもとづき、2017年に長時間労働の是正、同一労働同一賃金（非正規
雇用の処遇改善）、賃金引上げと労働生産性向上、柔軟な働き方がしやすい
環境整備、病気の治療、子育て・介護等と仕事の両立、障害者就労の促進、
外国人材の受入れ、女性・若者が活躍しやすい環境整備、雇用吸収力の高い
産業への転職・再就職支援、人材育成、格差を固定化させない教育の充実、
高齢者の就業促進に向けた実行計画が立案された。2018年に労働基準法、
労働契約法、労働安全衛生法等が改正され、順次施行へ。

3　長寿化・高齢化

　人口全体に占める65歳以上人口の比率が年々高まっており、高齢
化が進んでいます。衛生環境や栄養の改善、医療技術の進歩等によ
り平均余命が伸び、長寿化が進んでいることが一因です。もうひと
つは、少子化により人口全体に占める若年人口の比率が下がり、相
対的に高齢者人口の比率が高まったことです。
　60歳定年の時代では、60歳を機に税・社会保険料を負担する側

から、もっぱら給付を受ける側に回っていました。労働力人口の減少のなかで、高齢社会では60歳以上であっても元気に働くことができるなら、引き続き労働力として期待されます。つまり、「支えられる側」ではなく、生涯「支える側」となることができます。

定年後再雇用制度、定年年齢の延長、定年制度の廃止のいずれかが高年齢者雇用安定法により事業主に義務付けられており、事業主も高年齢者を引き続き労働力として維持する制度・施策を実施しています。

4 未婚化・晩婚化

初婚年齢が遅くなったことで晩婚化が進み、さらに一度も結婚しない人が増加し、生涯未婚率が高まっています（図表2-2）。人事

図表2-2 平均初婚年齢と生涯未婚率の男女別の推移

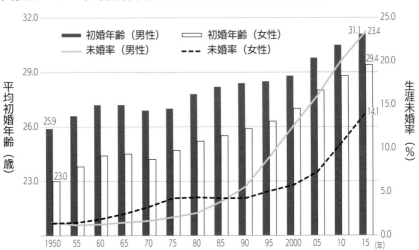

出所：生涯未婚率は、総務省統計局「国勢調査」、平均初婚年齢は、厚生労働省「人口動態統計」

制度、福利厚生制度は、主に男性従業員が結婚して、家族を構成し、世帯主となり、子供を育て、家を持つというライフステージを前提として設計されてきました。独身・未婚の従業員の割合が増加することで、従業員が経るライフステージも変わることから、従来型の福利厚生制度の体系は見直しを迫られます。

生涯未婚率 50歳までに一度も結婚したことがない人口の比率。高学歴化に伴い、社会に出る年齢が遅くなったこと、女性の経済力が高まったこと、そして社会の意識が変化し、「イエ」を守る・継ぐという心理的な圧力も弱まり、さらに「結婚して一人前」という意識も弱まったことの相乗効果。特に男性の生涯未婚率が高いのは、「就職氷河期」で安定した職業に就くことができず、年収が低いことも一因。

❷ 社会保険・労働保険の動向

　生活保障の基本部分を担う社会保険・労働保険の動向は、事業主が自らの責任で実施する福利厚生での生活保障の施策に影響を与えます。

1　社会保険

(1)厚生年金保険

　厚生年金保険は、終身年金（支給期間に限度がなく、生存している限り支給される年金）であるため、長寿化によって支給期間が延びると、受給者1人あたりに支給する年金の総額が増えます。高齢化のため、受給者数も増加しています。一方で、少子化により厚生年金保険料を負担する被保険者の数が減少しています。公的年金の財政は、低金利の影響で、年金積立金の運用も利回りの確保が難しくなり、よりリスクをとった運用を強めています。

　このように、保険料収入が伸び悩み、年金支給総額が増加するという収支構造のなかで、保険料率の引上げと支給額の引下げを伴う制度改正が連続しました。2017年9月に保険料率が法定上限の18.3％（労使合計）に到達した（旧共済年金の加入者については、まだ上限に到達していません）ため、今後は支給額の引下げがさらに強化されると予想されます。図表2－3は、これまでの給付抑制に係わる制度改正の歴史です。

　こうした理由により、長寿化・高齢化によって増加する老後生活資金を、厚生年金保険のみに頼るのではなく、自助努力も組み合わせ

図表２－３　公的年金の給付水準の見直し

1986年	厚生年金と国民年金との財政統合、基礎年金制度開始
1986〜2005年	厚生年金の給付額を段階的に▲25％引き下げ
2001〜2021年	厚生年金の支給開始年齢の引上げ（60歳⇒65歳）
2004年	マクロ経済スライドの導入
2005年	厚生年金の給付額の適正化（▲5％減額）
2013〜2015年	特例（給付）水準の解消（▲2.5％給付減額）
2018年	マクロ経済スライドの適用強化
2021年	物価スライド制の見直し⇒完全賃金スライド制へ移行

出所：可児俊信「実践！福利厚生改革」日本法令

て準備することが、今後一層求められます。60歳以降の就労による給与収入の獲得もひとつの手段であり、個人年金保険、年金財形貯蓄、NISA（少額投資非課税制度）、iDeCo（第4章参照）等による資産形成と、事業主による支援の必要性も高まっています。

(2) 健康保険

　医療を受診する機会が多い高齢者が増加し、高度医療が提供される等により医療費が高額化し、国民医療費も増加しています。現役世代が加入する保険者が支援金という形で負担する高齢者医療費（前期高齢者納付金、後期高齢者支援金）も増えています。国民医療費の増加を抑制するため、国は医療費の被保険者の自己負担割合を次第に引き上げています。そのため、事業主には、従業員の医療費の自己負担増に対応する支援策が求められています。

　また、高齢者医療費の増加分を賄うため、健康保険の保険料率も年々引き上げられています。健康保険組合や共済組合においては、疾病予防・健康増進の施策を提供し、医療費自体の発生を抑え、保

－ 42 －

険料率の引上げを少しでも抑制しようとしています。

(3) 介護保険

　介護保険は、2000年に創設された最も新しい社会保険です。サービス利用時における自己負担割合は原則1割であることと、保険料率も厚生年金保険や健康保険に比較すればまだまだ低いことから、従業員の生活に与える影響は、それほど大きくはありません。保険料率が低いのは、図表2－4にもあるように、介護保険の財源の半分が税金で賄われているためです。

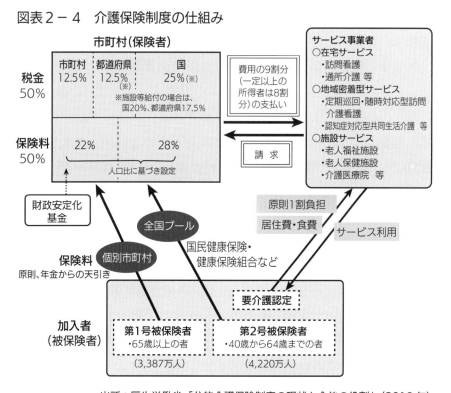

図表2－4　介護保険制度の仕組み

出所：厚生労働省「公的介護保険制度の現状と今後の役割」（2018年）

一方で、介護自体には課題が多いです。高齢化に伴う要介護者の増加が、その家族である従業員の経済的負担やマンパワーの不足に繋がっており、事業主として費用、働き方、情報提供の各面での支援が必要です。介護サービスも、その質や介護施設をはじめとする量の両面で不足しており、介護保険があっても介護サービスが十分ではない状況です。

2 労働保険

(1) 雇用保険

雇用保険の保険料は労使負担ですが、保険料率は社会保険に比べて低く、労使にとって大きな負担ではありません。雇用保険の財政は失業率の動向に影響されます。好景気で失業率が低い時期（図表2-5）は、失業時に支給される基本手当の支出も少ないため、財源にゆとりがあり、育児休業給付金や介護休業給付金の支給率の引上げも可能となり、事業主の福利厚生負担がその分軽減します。逆に景気が悪化すると、基本手当の支給が増えるため、保険料率が上がったり、給付金額が抑制されたりする懸念もあります。

(2) 労働者災害補償保険

労働者災害補償保険（労災保険）の保険料は、事業主が全額を負担します。従業員の負担はありません。労働災害（労災）は従業員の生活を脅かすものですが、労働安全の徹底、工場や工事現場の機械化・無人化、自動車の安全性の向上等により、労災は減少しています。よって、労災保険の財源は比較的ゆとりがあり、それを活用して労災給付の給付事由の拡大、給付水準の引上げが行われてきました。

図表2-5　失業率の推移

出所：厚生労働省「労働力調査」

図表2-6　労災死亡者数および「過労死」、精神障害による自殺者数の推移

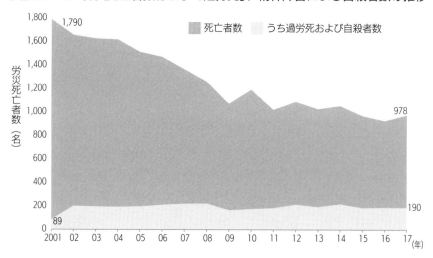

注：2011年の労災死亡者数は、この他に東日本大震災による1,314名がいる
出所：厚生労働省「脳・心臓疾患及び精神障害等に係る労災補償状況」

一方で、ストレスや長時間労働による精神障害や過労死という新しい形の労災が増えています。精神障害による自殺者数や過労死者数は、労災死亡者全体の2割を占めています（図表2－6）。

❸ 働き方や職場環境の見直し

　企業経営をよりよくするために、働き方や職場のあり方を見直す提言や、人事戦略がいくつも提起されてきました。これらは、福利厚生の在り方にも影響を与えてきました。

1　ワーク・ライフバランスの推進

　ワーク・ライフバランスの推進は、①長時間労働が常態化した職場では、女性が働き、能力発揮できず、少子化の大きな原因であると理解され始めたこと、②2003年から景気を上向き始めて人手不足が見え始めた際に、女性は育児・介護をしながら働くことが多く、仕事と家庭・育児・介護との両立を支援すべきということで広がってきました。

　福利厚生面では、家庭・育児・介護と仕事を両立させながら働く従業員を支援する制度・施策が整備されました。

2　ダイバーシティ経営

　ダイバーシティ経営でいう多様性とは、性別にとどまらず、国籍、人種、雇用形態、病気治療者、障害、年齢、宗教、性的指向等、あらゆる違いを指します。

　かつて、これまで日本の大企業では、定年まで終身雇用される世帯主である男性正社員を前提として、福利厚生を含む人事制度が設計・整備されてきました。少子化等により、それだけでは十分な労働力が

－ 47 －

確保できなくなってきたこと、多様な価値観が混じり合うなかで組織が活性化し、イノベーションにつながると考える傾向が強くなってきたことが背景にあります。少子化に伴って多様な労働力の確保と活躍を促すという側面もあります。

福利厚生では、多様な価値観やニーズに対応できるよう、幅広い福利厚生制度をアウトソーサーの力も借りながら提供し、かつコストが上乗せにならないような制度見直しが求められています。

さらに、外国籍社員や高年齢者、LGBT者等、職場でマイノリティになりがちな従業員の働きやすさを支援することも福利厚生の役割です。

ダイバーシティ経営　同質性ではなく多様性を企業や組織の競争優位の源泉とするために、人事制度、社内風土を整備する経営戦略。多様な人材の能力が最大限発揮できる機会を提供することで、イノベーションを生み出し、価値創造につなげる。

　多様性とは、性別、年齢、雇用形態、国籍、人種、障害、宗教、性的指向の他、組織のなかで他の人との違いのすべてをいう。多様な人材が一体化・融合することが重要であるとして、「ダイバーシティ＆インクルージョン」ともいう。

---

3 「健康経営」

「健康経営」には、単に健康保険の医療費の削減、休業者や退職者の抑制といったコスト削減的なメリットだけでなく、利益の拡大・企業価値の増大といった広がりのあるメリットがあります。健康への投資のリターンに関する試算例を、図表2－7に示します。

国にとっては、高齢化に伴う国民医療費の増加を抑制し、労働生産性を向上させる国策と捉えることができます。

福利厚生では、日常の運動習慣を定着させるためのスポーツ施設

図表2-7 インフルエンザ予防接種費用の費用対効果の試算例

事業主が、従業員の疾病予防にかかわり、予防接種費用を全額負担する際の費用対効果の試算

ベネフィット・ワンの例で試算

①予防接種費用(事業主が全額負担)3,500円/人(予防接種費用は自由診療のため、医療機関で異なる)

②インフルエンザに罹患すると、同社では発症から7日間自宅待機

土日を除けは、5日間の有給休暇。事業主にとっては5日分の労働力損失

③平均年収5,626千円/年(有価証券報告書による)

年間の所定勤務日数は2018年で244日

1日あたり23,057円=5,626千円÷244日

④罹患時の損失(②×③)=115,286円

⑤2018年冬における全国のインフルエンザ罹患率(罹患者÷人口)8.06%(国立感染症研究所による)

⑥期待される損失額(④×⑤)=9,292円

⑦健常者における予防接種有効率は70%(罹患率が未接種者の3割に下がる)(CDC(米国の疾病予防管理センター)による)

⑧労働力の損失回避額(⑥×⑦)=6,504円

⑨費用対効果(⑧÷①)=1.85倍

※単独設立の健康保険組合では、これ以外に医療費も損失回避額に含めることができる。

出所：筆者作成

との法人契約、ウォーキングの奨励、人間ドックの利用促進、従業員自身が健康状態を把握できるサイトの提供等多くの施策が考えられます。健康意識の醸成を目的とするヘルスケアポイント制度の導入もみられます。

ヘルスケアポイント制度　保険者または事業主が実施する疾病予防・健康増進施策で、被保険者・従業員およびその家族が、自発的に疾病予防・健康増進活動を行うインセンティブとして、所定の活動への参加時、継続的実行時、成果発生時にポイントを付与する制度。2000年以降に、健康保険組合で導入が始まった。事業主が実施することも多い。健康保険法で、2016年にインセンティブ性のある保健事業を行う努力義務が定められた。

図表2−8 「働き方改革」のロードマップ

処遇改善 (賃金など)	■ 非正規雇用の処遇改善 ■ 賃金引上げと労働生産性向上	
制約の克服(時間・ 場所など)	■ 長時間労働の是正 ■ 柔軟な働き方がしやすい環境整備 ■ 病気の治療、子育て・介護等と仕事の両立、 　障害者就労の促進 ■ 外国人材の受入れ	より多様な労働者が、より高い労働生産性で働ける環境づくり
キャリアの 構築	■ 女性・若者が活躍しやすい環境整備 ■ 雇用吸収力の高い産業への転職・再就職支援、 　人材育成、格差を固定化させない教育の充実 ■ 高齢者の就業促進	

出所:「働き方改革実行計画」(2017年3月28日働き方改革実現会議決定)をもとに作成

4 長時間労働の是正

　2016年から「働き方改革」が政府にて検討が開始され、2017年にはロードマップが示されました(図表2−8)。目的は、日本の人口減少が、生産力および消費の減少、ひいては日本経済の衰退を招くことがないよう、従来以上により多様な労働者が、それぞれの事情に応じて働ける環境を整備することに加え、1人ひとりの労働者が従来以上に効率よく働ける環境を整備することで、人口減少下にあっても生産力・経済力を維持しようというものです。

　「働き方改革」の中核は、より効率的な働き方をすることで、労働時間・残業時間を縮減しようとするものです。労働時間が短くなることで、より多様な労働力が活躍できるようになるためです。

　これを実現するためには、在宅勤務等のリモートワークやフレッ

− 50 −

クスタイムといった柔軟な労働場所・労働時間を設定していくことが必要な他、ICTやAIを活用した業務時間の削減が試みられています。これらに加えて、労働者が働きやすい職場環境づくりや能力アップを支援することも必要です。

福利厚生では、自己啓発制度の利用を通じた従業員の知識・スキルの向上の他、人間ドック受診等での疾病予防、フィットネスクラブ等での健康増進を通じたアブセンティーズムやプレゼンティーズムの減少、育児・介護・病気治療と仕事を両立させている従業員への支援が可能です。

5 同一労働同一賃金

多様な労働力を確保して、日本全体の生産力を維持するために、非正規社員の待遇改善も求められています。同じ職場で働く正社員よりも待遇が劣ることによる勤労意欲の減退を防ぐだけでなく、キャ

図表２－９ 「同一労働同一賃金」の考え方

1 正社員と非正社員の「働き方」と待遇の違い
　① 職務内容（業務内容・責任の程度）
　② 職務内容・配置の変更範囲　　　　　　これらを考慮して、
　③ その他の事情　　　　　　　　　　　　不合理な待遇差を禁止

2 待遇の均衡・均等
　・「働き方」が正社員と同一である非正社員
　　　→ 均等待遇
　・「働き方」が正社員と異なる非正規社員
　　　→ 均衡待遇（バランスの取れた不合理でない待遇差）

出所：筆者作成

リアアップを目指すことにより活躍できるようにします。この待遇改善の法的根拠が、「同一労働同一賃金」です。ある非正規社員が正社員と同じ「働き方」であれば、正社員と同じ待遇としなければなりません。これが均等待遇です。同じ「働き方」でなければ同じ待遇とする必要はなく、待遇差を付けることも可能です。ただし、その待遇差が「働き方」の差や個々の人事制度・福利厚生制度の目的・趣旨に対して不合理な差であってはなりません。これを均衡待遇といいます（図表2－9）。

　待遇には、賃金・手当だけでなく福利厚生や退職金も含まれますので、非正規社員の待遇改善には福利厚生の見直しも不可欠となります。

「同一労働同一賃金」　非正規従業員の待遇改善とそれに伴うやる気の引き出しを狙って、2016年に「働き方改革」に盛り込まれた待遇改善の根拠となる考え方。契約社員、派遣社員、パートタイマーは、労働力供給の調整弁として長く位置付けられており、長期雇用を期待していなかったことから無期雇用の正規従業員と比べて待遇が（賃金格差、退職金の有無、福利厚生の有無、異動や能力開発の有無）低かった。

---

4 福利厚生関連法令

　国は人口動態の変化への対応、国民医療費の抑制、さらには「働き方改革」の推進に向けて、法令の制定・改正を行っています。これらの法令順守のために、福利厚生の見直し・充実が有効な手段となります。また、事業主が福利厚生を見直す上でも、法定の給付内容を前提に法定外の福利厚生を実施することになるので、その点でも法令と福利厚生分野との関係を整理する必要があります。法令のうち福利厚生税制は、第9章で解説します。

1 両立支援・女性の活躍にかかわる法令

(1) 次世代育成支援対策推進法
　次世代育成支援対策推進法は、従業員が育児と仕事を両立させるための環境整備をはじめとする計画期間や目標を行動計画として立案することを、事業主に義務付けています。目標を達成し、一定の基準を満たした事業主は、厚生労働省に申請することで「くるみんマーク」や「プラチナくるみんマーク」が付与されます。計画期間は3年から5年であるため、期間が満了すると目標の達成状況を振り返り、次期の行動計画を立案することを繰り返します。これを通じて事業主による育児支援が一層強化されます。

(2) 育児・介護休業法
　育児や介護と仕事を両立させている従業員を支援するために、育児休業・子の看護休暇、介護休業・休暇、時間外労働や深夜業の制

－ 53 －

限等を定めるとともに、事業主が講ずべき措置を規定しています。

(3) 女性活躍推進法

女性が職業生活において、個性と能力を十分に発揮して活躍できるようにするため、人事制度や職場環境を整備する行動計画の立案を事業主に義務付けています。事業主は、行動計画を策定し、女性の活躍推進に関する取り組みの実施状況を厚生労働省に申請することで、優秀と認定されれば「えるぼしマーク」が付与されます。

(4) その他

労働基準法において、産前産後休業、妊産婦の就業制限、1歳未満の子を育てる女性従業員に対する育児時間の制度について規定されています。

雇用保険法において、育児休業給付金（第61条の4）、介護休業給付金（第61条の6）について規定されています。

健康保険法において、出産育児一時金（第101条）、出産手当金（第102条）が規定されています。

2 疾病予防・健康増進にかかわる法令

(1) 労働基準法

従業員の労働条件の最低基準を定める基本的な法律です。この法律に関連して、労働安全衛生法、労働者災害補償保険法、労働契約法等、多くの法令が制定されています。

(2) 労働安全衛生法

　労働災害の防止のための対策等を推進することにより職場における従業員の安全と健康を確保し、快適な職場環境の形成を促進することを目的としています。

　産業医（第13条）や安全・衛生委員会の設置（第17条、18条）等の他、健康診断（第66条）や心の健康を守るための「心理的な負担の程度を把握するための検査（ストレスチェック）」（第66条の10）を事業主に義務付けています。

　また、従業員の受動喫煙の防止（第68条の2）やトータルヘルスプロモーションプラン（ＴＨＰ）についても規定（第69条）しています。これらは、事業主の努力義務となっています。

3　ライフプランの支援にかかわる法令

(1) 勤労者財産形成促進法

　従業員の計画的な財産形成を促進することにより、従業員の生活の安定を図ることを目的に、事業主が支援する財形貯蓄制度等を規定しています。

　複数の手段があり、勤労者財産形成貯蓄（財形貯蓄）として、財形住宅貯蓄、財形年金貯蓄、一般財形貯蓄の3種類の他、勤労者財産形成給付金、勤労者財産形成基金が規定されています。

(2) 労働基準法 (第18条)

　社内預金の事業主による保全措置や下限利率を定めています。社内預金は、事業主にとって事業の運転資金に転用できるなどのメリットもありますが、低金利下で資金調達が容易である現在では、そ

のメリットは薄れています。

(3) 雇用保険法

　自己啓発を通じて、従業員の主体的なキャリア開発を支援することで、雇用の安定を図ることを目的として教育訓練給付金（第60条の２）を規定しています。

(4) その他

　法令ではありませんが、従業員持ち株会等の適正かつ円滑な運営に資する観点から、日本証券業協会が「持ち株制度に関するガイドライン」を定めています。

4　福利厚生を含む労働条件・待遇にかかわる法令

　労働基準法では、従業員の福利厚生を含む労働条件全般の法令上の最低基準等について規定しています。

　労働契約法では、福利厚生を含む労働条件の不利益変更の禁止等について、規定しています。

　さらに、労働契約法とパートタイム労働法（2020年に短時間・有期雇用法に名称変更）、労働者派遣法において、非正規従業員の福利厚生を含む待遇の在り方を規定しています。

第3章
福利厚生による支援制度の実際

■本章では福利厚生制度をその目的別に整理しています。

1 育児支援関連制度

1 育児支援の目的

　福利厚生での育児支援の目的は、まず、育児と仕事の両立が困難であることによる退職者の発生を防ぐことです。また、育児休業者を支援することで、復職への心理的・経済的な障害を減らし、円滑な復職を促すことも目的のひとつです。保育等を支援することも、退職または休業を防ぐ効果があります。

2 育児費用の支援

　育児支援関連には、託児施設（事業所内保育施設や企業主導型保育所）の設置や保育サービス利用料の補助制度等があります。

　託児施設は、郊外や地方の大規模事業所で比較的設置しやすい状況にあります。都心で本社やその近辺に設置する例もありますが、自宅から都心まで子どもを連れてくることが課題となっています。フレックスタイムや短時間勤務制度を利用した時差通勤したり、女性専用車両でいくらか乗車率が低い場合は、それを活用したりすることも可能です。

　保育施設を設置する事業主の課題は、まずその設置と運営の費用の負担です。特に、都心のオフィスに設置する場合は、賃料が大きな負担です。また、安全性を考慮すると、低層階であること、複数の出入口があることが望ましく、立地の選定条件が狭まります。さらに、水回りの設備が必須である等、コストもかかります。高コストである

－ 59 －

と、従業員が負担する利用料が高くなり、利用者が十分な数にならない懸念があります。

設置にあたっての運営費収支も課題です。福利厚生制度ですので、必ずしも黒字運営は求められませんが、事業主の負担額は、他の福利厚生費とのバランス、育児施設を利用しない従業員との公平性のため限度があります。

開設に先立って従業員に利用希望に関するアンケートをとることがあります。しかし、希望すると回答した従業員であっても、開設後の評判を確かめてから実際の利用を考えたり、利用を始めてもより利便性が高く利用料も低廉な施設がみつかれば、そちらに転園することもあります。事前のアンケートどおりの利用者数になるとは限りません。

ある程度の従業員数がいる事業所に限られてしまうことから、託児施設の有無が不公平感を生む懸念もあります。これについては、施設のない事業所では、従業員に保育サービス利用料等を補助するとか、育児手当を支給する、ベビーシッター補助を支給する、福利厚生パッケージの割引サービスを提供する等の手段で均衡をとる方法があります。

以上のように、託児施設を自ら設置することには課題も多いです。施設の開設に代えて、市中の託児施設での保育サービス利用料の補助、ベビーシッターの利用料の補助、託児施設までの交通費の補助といった外部サービスの利用に際しての金銭的支援がより現実的です。こうした金銭的支援の他に、近隣の育児サービスや育児施設の空き状況を探す等の情報提供による支援もあります。

託児施設やベビーシッターの育児サービスの費用補助および情報提供・相談機能は、福利厚生パッケージとの契約によって、標準的

に提供されます。費用補助をカフェテリアプランのメニューで行うこともできます。事業主の福利厚生ではなく、共済会・職員互助会の事業として行う事例もあります。

2019年10月からの幼児教育・保育の無償化等が行われ、認可保育所が無料となるほか、私立幼稚園、認可外保育所、ベビーシッターの利用者には補助が出ます。事業者の行う育児支援はそれを踏まえることになります。

3 育児休業者への支援

(1) 公的な育児支援

育児休業者への公的な支援は、図表3－1のように整ってきてい

図表3－1　育児への公的支援

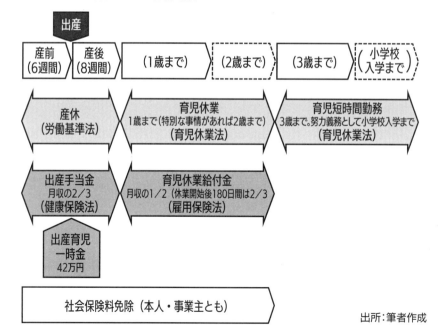

出所：筆者作成

ます。産休から育児休業、復職後の短時間勤務までの支援策の利用が可能となっています。休業中はノーワーク・ノーペイの原則により、給与が支給されないことがあります。代わって、健康保険や雇用保険（公務員は共済組合）から、出産手当金、育児休業手当金が支給され、給付率（休業前の給与に対する支給額の割合）も次第に高まっています。出産費用も健康保険から、出産育児一時金として定額が支給されます。休業中で給与がないため、産休・育児休業中とも社会保険料は、事業主・従業員本人とも免除となっています。

(2) 育児休業期間等への支援

　産休に引き続き、育児休業を希望する従業員には、育児・介護休業法によって、子どもが1歳になるまで、育児休業が認められます。子どもを預ける場所がない等の特別な事情があれば、最長2歳になるまで休業を延長できます。この法令に定められた育児休業期間を、事業主が独自に福利厚生制度として延長することもでき、3歳までまたは小学校入学まで等を上限としている事例があります。一方で、育児休業期間が長くなるほど、円滑な復職や復職後のキャリア形成の支援が課題となってきます。

　復職後も保育所への送迎や授乳のため、短時間勤務を希望する従業員のために、短時間勤務規程を整備しなければなりません。育児休業法によって短時間勤務は、子どもが3歳になるまで認めなければなりません。社内規程でそれ以上の期間とすることもできます。小学校入学まで、小学校3年生までといった上限が考えられます。

(3) 育児休業期間への所得保障

　産休期間中は、休業前の67%の額が出産手当金として健康保険か

ら給付されます。育児休業期間中は、休業前の賃金の67%（育児業後180日間経過後は50%）の額が、育児休業給付金として雇用保険から給付されます。

　これらの給付に事業主が上乗せすると、その分育児休業給付金の支給が制限されます。育児休業特別給付金のような名称で、慶弔給付の形で共済会から上乗せ給付することも可能ですが、賃金とみなされる懸念もあります。

　育児休業期間中の税や社会保険料の負担は次のとおりです。まず給与がなければ所得税はかかりません。住民税は前年の所得に対して課税され、当年において負担が発生します。なお、自治体の納税猶予制度を利用することもできます。厚生年金保険、健康保険、介護保険の保険料は、育児休業期間中は本人負担も事業主負担も免除です。雇用保険料は賃金の支給がなければ発生しません。

（4）その他の支援

　育児休業者への支援として、勤務先との定期的なコミュニケーションの場の提供、育児休業者からの相談受付け、情報交換の場をネット環境にて提供することもできます。休業中の自己啓発手段の提供も可能です。これらは、復職率の向上や復職後のキャリア形成に効果的です。リモートワークのインフラ、社内規程の整備で事業所外での勤務を容易にすることは、育児休業からの復職を早めたり、復職後の働きやすさにつながったりします。

❷ 介護支援

1 介護支援の目的

事業主による介護支援の目的は、大きく2つあります。まず、介護と仕事の両立が困難で退職する、いわゆる介護離職を防ぐことです。もうひとつは、家庭内に要介護者を抱え、平日の帰宅後も介護、休日も介護という状態でワーク・ライフバランスが成り立たず、介護疲れによりプレゼンティーズムに陥り、労働生産性が低下する従業員を減らすことです。

2 介護費用の支援

介護サービスの利用料は、公的介護保険でその大部分が賄われています。要介護度に応じた利用限度額内では、居宅介護サービス利用の自己負担は、原則としてサービス費用の1割、所得が高いと2割または3割となっています。よって、費用支援の必要性は高くはありません。

しかし、図表3－2に示すように、介護にかかる費用は他にも多くあります。介護保険の利用限度額を超えて利用する居宅介護サービス費用は、全額自己負担となります。これを上乗せサービスといいます。

事業主は、従業員が仕事と介護の両立のためにやむを得ず限度を超えて居宅介護サービスを利用した際の費用の支援が考えられます。ただし、無制限に支援すると、事業主に多額の費用負担が発生

－ 64 －

第3章　福利厚生による支援制度の実際

図表3－2　介護保険制度適用外の介護サービス

上乗せサービス	横出しサービス
介護保険が適用される介護サービスの限度基準以上の利用	介護保険が適用されない介護サービス
介護保険が適用される介護サービス	食事の配達、出張理容、介護タクシー、外出介助、掃除代行等

要介護度に応じた限度基準

出所：筆者作成

するため、休日出勤や出張等、仕事に関連してやむを得ず利用した際のサービス費用に限定することが必要です。制度の運用には費用支援申請が給付要件に該当しているかどうかの判定が必要となります。

　また、横出しサービスとあるのは、介護保険の対象外となっている介護関連サービスや介護用品の費用です。おむつや防水シート等の消耗品が介護用品にあたります。事業主がこの費用支援をすると、小口の申請が多く、給付担当者の手間がかかります。福利厚生アウトソーサーのなかには、福利厚生パッケージに介護用品の費用支援を組み込んでいるものもあり、それを利用すると手間が軽減できます。

　この他に、遠距離介護をしている従業員に対しては、旅費を支援することができます。または介護を機に親と同居するために自宅をバリアフリーに改修する費用を一定限度額まで支援することもできます。

　要介護段階に至っていない老親に対して、見守りサービス、食材

－ 65 －

や食事の宅配サービスの費用支援や法人契約による割引提供も、親と離れて暮らす従業員には心強いです。

3 介護者への支援

(1) 介護休業期間等への支援

　育児・介護休業法では、最大3回までに分割して最高93日間の介護休業を取得できます。よって、事業主が福利厚生としてこれを超える日数の介護休業を付与することで、介護と仕事を両立する従業員を一層支援できます。

　ここで注意が必要なのは、介護の期間は平均して5年程度であることです（生命保険文化センター「2015年生命保険に関する全国実態調査」）。よって、介護の全期間に介護休業を付与することはできません。時期が予定できないと、適正な要員配置が困難になるおそれや、長期休業によってキャリアが中断するおそれがあります。

　介護休業は介護をするための休業ではなく、仕事と介護を両立できるよう手段を講じるための休業として位置付けるべきです。

(2) 介護休業への所得保障

　介護休業中は、雇用保険から介護休業給付金が給付されます。給付率は休業前の賃金の67％です。事業主からの給付があれば、介護休業給付金の上乗せとなるため、従業員は助かりますが、給付額が高いと介護休業給付金が減額または停止となりますので、注意が必要です。

(3) その他の支援

　介護支援のための福利厚生は、介護全般を支援するというより、介護と仕事の両立を支援するものです。例えば、従業員の親が脳卒中で倒れた際は、まずは治療にあたります。治療がうまくいったとしても、身体に何らかのマヒが残ることがあります。ここからが介護と仕事の両立の始まりです。入院しながらリハビリを開始できればよいのですが、そうでなければ、老人保健施設に転院してリハビリを開始することになります。そこで回復がみられて帰宅できれば、自宅をバリアフリーに改修します。または、親と同居できるように自宅を改築するか、転居します。

　こうした介護の流れを前提として、介護の初期対応に関するセミナーを開催して、従業員に事前の準備を促すことで、介護が発生した際に、その後の介護と仕事の両立が一層スムーズになります。

③ 女性活躍支援

1 女性活躍支援の目的

　育児支援・介護支援といった両立支援によって従業員が勤務先を退職せず仕事を継続できます。それにとどまらず、女性従業員が育児・介護等をしながらでも当たり前にキャリア形成できる仕組み・制度を設計することで、一層の労働生産性の向上や付加価値の高い業務の実現を目指すのが女性活躍支援の目的です。

　女性活躍推進法の趣旨にのっとり、福利厚生制度を見直すこともあります。同法は、数値目標として、性別によって人材採用や定着率、管理職の比率に大きな格差がないこと、女性のキャリア開発に対して一定以上の支援がなされていること等が掲げられており、その達成に向けて福利厚生制度の整備を行うことになります。

　その意味で、ダイバーシティ推進の一環とも位置付けられます。

2 女性活躍支援の内容

　女性活躍を支援する福利厚生の内容は、育児支援・介護支援といった両立支援のさらなる上乗せによって、女性の採用と定着をさらに促進することがひとつです。もうひとつは、家事支援等をより広い範囲で実施する福利厚生施策です。

　家事代行費用の支援は、ワーク・ライフバランスの一層の推進につながります。家事代行業者との法人契約やカフェテリアプランのポイントを使った費用補助があります。女性の管理職昇進意欲を高

－ 68 －

めるには、労働時間が長くないことや、柔軟性のあることが重要です。福利厚生を活用して、働き方・休み方の見直し、フレックスタイム、テレワーク等の柔軟な働き方を可能にし、従業員の労働生産性を高めることを検討できる可能性があります。

❹ 疾病予防・健康増進支援

1 疾病予防・健康増進支援の目的

　事業主は、労働安全衛生法により「快適な職場環境の実現と労働条件の改善を通じて職場における労働者の安全と健康を確保」する義務があるとされています。

　従業員が心身の不調や疾病を抱えることによって、プレゼンティーズム、アブセンティーズムが増加します。これにより労働力が一時的または長期的に失われます。

　これらを防ぎ、従業員の労働生産性の維持と労働力を確保することが、疾病予防・健康増進支援の目的です。

　さらには、人材を採用する際においても、従業員の健康管理を重視する会社であるかどうかは、入社希望者が入社を検討する際の要素であり、その点でも疾病予防・健康増進の福利厚生制度は重要です。

2 身体の疾病予防・健康増進

(1) 疾病予防

　疾病予防は、3段階からなります。健康の保持・増進等によって疾病を未然に防ぐ一次予防、疾病の早期発見・早期治療によって重症化を防ぐ二次予防、疾病の進行防止・再発防止のためリハビリによる社会復帰を目指す三次予防です。福利厚生は、主に一次予防で役割を果たします。定期健康診断の際に、オプションで法定以上の検診項目を受診できるようにするとか、専門ドックを受診できるとか

の対応があります。費用は、提携料金によって割安で受診できます。一定額を事業主が負担する、カフェテリアプランのポイントで負担する等の方法があります。

インフルエンザや花粉症の予防接種の費用を、事業主が補助または全額負担することも、プレゼンティーズムやアブセンティーズム対策として有効です。

生活習慣病や食生活の改善、運動習慣の効果に関する情報を、社内の媒体誌や社内のイントラネットに掲載、セミナーによる啓発も有効です。産業医や外部の専門業者と提携して電話やウェブサイトでの健康相談等の実施も疾病予防に効果があります。

(2) 健康増進

健康増進の一環としてメタボ予防のため、スポーツ施設を社内に設置する、フィットネスクラブまたは福利厚生パッケージの法人契約によって会員料金で従業員がフィットネスに取り組んでいます。

事業主単独または保険者と連携して、ウォーキング・イベントやスポーツ大会を開催し、健康増進の意識を醸成することも有効です。これは、従業員と家族とのコミュニケーションおよび職場内でのコミュニケーションの活性化にもつながることはいうまでもありません。

社員食堂を従業員の健康管理に活用する考え方も浸透しています。カロリーや塩分量をメニューに表示して、食生活への関心を高める施策は広く浸透しています。

3 心の疾病予防

メンタルヘルスについては、一定規模以上の事業所においては、労

働安全衛生法によりストレスチェックが義務化されています。よって、福利厚生では、ストレスや心の病気が発生しにくい職場環境の整備、心の疾病の早期発見・早期治療に結び付けることが求められます。ラインでの研修の実施の他に、面談、電話やウェブによる相談、カウンセリング体制の整備が望まれます。心の病気については、社内での理解が不十分な事業所では、社内での相談を躊躇する従業員がいる可能性もあるため、外部提携サービスによる相談サービス提供の方が、利用しやすいといえます。

メンタル不全の原因は、異動・転勤といった人事上のストレスや社内外の人間関係そして長時間労働等です。発症予防につながるのが職場内のコミュニケーションづくりです。相談できる人の存在や風通しの良い職場環境であり、福利厚生制度としては第三者による相談サービスの設置、職場でのイベント開催費の補助があります。

4 健康保険組合の疾病予防・健康増進施策との連携

健康保険組合は、保健事業として加入者（従業員と被扶養家族）の疾病予防と健康増進の施策を実施しています。加入者の医療機関の受診履歴やメタボ検診記録も持ち、情報量や専門性に優れています。一方で、事業主とは別の組織であり、従業員に直接働きかける影響力は、事業主の方が優っています。よって、事業主は、健康保険組合と連携して、施策を実施することで効果的な健康管理施策を実施できます。これをコラボヘルスといいます。

5 ライフプラン支援

1 ライフプラン支援の目的

　年功序列・終身雇用等の雇用慣行が崩れている現在では、従業員にとって定年までのキャリアプランを見通すことが困難となっています。また、長寿化による老後期間の長期化や少子・高齢化による公的年金の給付抑制、低金利を主な原因とする企業年金の給付額の低下によって、老後の生活資金を自助努力で準備する必要性が高まっています。

　ライフプラン支援の目的は、従業員が自らライフプランニングを行い、その実現に向けて、公的支援に加えて自助努力の必要性を理解させ、準備すべき金額の情報提供や自助努力手段の提供をする点にあります。

　「支えられる側」ではなく、「支える側」であり続けるための生涯にわたるキャリア開発の支援も必要です。

2 キャリア開発支援

　企業の製品やサービスのサイクルが短期化するなかで、事業主は従業員の自己啓発やキャリア開発を支援することで従業員の収入を得る力を高め、将来のキャッシュフローの確保が望まれます。自己啓発は、労働生産性の向上につながるだけでなく、キャリア開発の一環として従業員の収入稼得能力を高めると同時に、キャリアプランを実現する手段と位置付けられます。

- 73 -

支援策としては、自己啓発で講座を受講する際に従業員本人が負担した受講料を、修了した時点で全額または一部を補助する制度が一般的です。カフェテリアプランのなかには、ポイントを受講開始時に受講料に充当するメニューもあります。

　また、多くの通学・通信の講座を割引または無料で受講できる福利厚生パッケージを法人契約し、従業員が受講できるようにすることもできます。内定者に福利厚生パッケージを提供し、入社までの期間に所定の講座の受講を求める事業主もあります。

3　財産形成支援

(1) 老後生活資金の準備

　グローバル競争の激化によって、大企業といえども従業員の生活を丸ごと保障することは困難となりました。

　また、2011〜12年に社会保障・税の一体改革が具体化されるなかで生活者の負担が増え、一方で給付が減少が明らかになりました。

　そこで、従業員自らによる老後生活資金準備のためのライフプランづくり支援に重点が置かれるようになりました。

　財形貯蓄制度の年金財形貯蓄は、事業主が掛金を補助したり、所定の利回りを保証するために利子補給をすることもあります。

　小規模企業（第1号厚生年金被保険者数100名以下）に勤務する従業員を支援する中小事業主掛金納付制度（iDeCo プラス・第8章参照）もあります。

　生命保険会社や労働組合の上部団体が提供する従業員拠出型企業年金もあります。このなかには、加入した従業員が負担する保険料（掛金）は、個人年金保険料控除の要件を満たすように制度設計されてい

るものもあります。

> **財形貯蓄制度**　住宅取得・改修の頭金準備を目的とする財形住宅貯蓄、老後資金の準備を目的とする財形年金貯蓄、特定の貯蓄目的のない一般財形貯蓄の３種類がある。一般財形貯蓄以外は、利息が非課税となる税制優遇がある代わりに、積立金額に上限が設けられている。事業主と金融機関が契約し、従業員が給与控除で掛金を積み立てる。銀行、信託銀行、生命保険・損害保険、証券、労働金庫、ゆうちょ銀行等、幅広い金融機関が財形貯蓄制度に対応している。給付金は非課税で給付される。

(2) 住宅取得支援

　住宅取得支援とは、従業員が住宅を購入することを積極的に支援するものです。これは、高度経済成長期に大都市にある企業が、人材確保のため、地方の中学校卒、高校卒を採用したことから、彼らに独身寮を提供するだけでなく、住宅まで持たせるのが事業主の責任と考えられていたためです。

　現在は、住宅は資産価値が変動する上に、自然災害によるリスク資産であることから、持ち家取得が必ずしも、資産形成に役立つとはいえなくなっています。また、支援対象となる世帯主ではない女性従業員の割合も増えています。

　財形貯蓄制度の住宅財形は、住宅取得の頭金を準備する手段として、また住宅ローンを借りる手段としての機能を持っています。事業主や掛金補助や利子補給をすることもあります。

　住宅ローンを事業主や共済会が低利で融資する制度もありますが、低金利が長期化するなかで、市中の住宅ローンの金利が低下しており、金融機関と事業主との提携ローンが増えています。また、事業主が利子補給する必要性も薄れています。

－ 75 －

(3) 一般財形貯蓄、持ち株会

　一般財形貯蓄は、貯蓄目的を限定しない資産形成の手段であり、引き出しが容易です。

　持ち株会も目的のない資産形成の手段ですが、事業主にもメリットがあることから、従業員が拠出する掛金に対して、事業主が奨励金を上乗せし、持株会への加入を促しています。

> **持ち株会**　自社または親会社の株式を給与や賞与から控除した掛金で、長期的・継続的に小口で積み立てる制度。期間分散が可能だが、投資先が集中しているというリスクがある。事業主にとっては、企業の成長や価値の向上と従業員の資産形成が同じ方向にあることから、従業員の勤労意欲を高めるものとされる上に、安定株主の形成につながり、資本政策上も有効とされる。

(4) ライフプランセミナー等の情報提供

　老後生活資金、住宅取得資金、教育資金の目安額を準備する方法として活用できる福利厚生制度、公的な制度の周知を図るのが、ライフプランセミナーです。かつては、利子補給等の金銭で直接にライフプランの達成を支援してきましたが、現在は情報提供で支援する方向になっています。例えば、住宅ローンに利子補給をするのではなく、適切な住宅ローンの選択と組み方をセミナーで指導するといった形がとられています。

> **ライフプランセミナー**　定年退職者に対する退職準備の説明会として始まった。公的年金の抑制、雇用の延長等があり、老後資金の準備をより早期から開始する必要があること、在職中および雇用延長以降のキャリア開発の必要性から、セミナー受講対象年齢が前倒しになる一方、1人の従業員が節目ごとに複数回を受講する傾向にある。

(5) セーフティネット支援

　事業主が行う慶弔給付や生命保険・損害保険を活用したセーフティネット支援の目的は、従業員が負担する費用を補助することによる生活の支援と、給付や補助を通じた事業主との信頼感やロイヤリティの醸成にあります。

慶弔給付　相互扶助の原点。主な給付項目には、慶事給付（成人祝、結婚祝、出産祝、入・進学祝、銀婚祝、退会餞別等の金品）、弔事給付（死亡弔慰金、入院見舞金、災害見舞金等の金品）、補償給付（医療補償、休業補償等）がある。

6 コミュニケーション支援

1 コミュニケーション支援の目的

　コミュニケーション支援の目的は、業務の効率化による労働時間の短縮や人員の削減が求められるなか、従業員間のコミュニケーションを密にすることで、仕事上の連携や情報共有の推進を期待する点にあります。また、職場内や家庭内のコミュニケーションが活発になることで、心の健康の維持・向上にも役立つとされています。

2 職域内でのコミュニケーション支援

　野球、卓球、バスケット、ラクロスといったスポーツのクラブの設置と活動の支援があります。スポーツだけでなく、絵画、茶道といったクラブ活動もあります。社内クラブの設置や運営条件は、クラブ設置規程で管理します。クラブの運営費は、クラブ員となる従業員の負担ですが、事業主が活動費を補助することもあります。

　社員旅行や社内運動会、スポーツイベントも全社のコミュニケーションを活性させる手段として重要です。

3 家族とのコミュニケーション支援

　宿泊、旅行、レジャーを通じた家族とのコミュニケーションは、心の健康に役立ちます。かつては、事業主や健康保険組合が保養所を持つことが多かったですが、現在では、リゾート施設や福利厚生パッ

ケージを法人契約し、従業員が安く宿泊施設を利用できるようにしています。レジャー施設も法人提携や福利厚生パッケージによって割引で入園・利用できるものとなっています。

7 住まいの支援

1 住まい支援の目的

　住まい支援の目的は、従業員の住居に関する経済的負担を軽減することで、満足度の向上を図る点にあります。「持ち家支援」の一環として住居費の負担を軽減して、その分住宅取得に向けた貯蓄に振り向けるという考え方もあります。また、転居を伴う人事異動を容易にする目的もあります。

　住まい支援には、住宅手当または家賃補助によって、従業員自身

図表3-3　住宅手当と借上社宅の違い

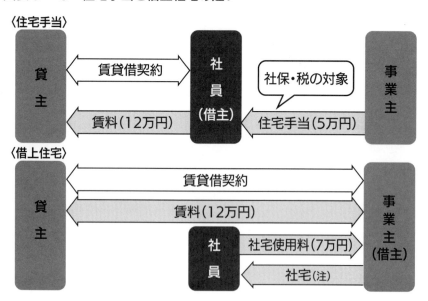

注：社宅の経済的利益（賃料と社宅使用料の差額）は、所定額以上の社宅使用料を徴収することで、給与所得および報酬の対象外となる。
出所：可児俊信「共済会の実践的グランドデザイン」労務研究所

が貸主と賃貸借契約を締結して住んでいる賃貸住宅の家賃の一部を
事業主が間接的に負担する方法の他、事業主が社宅や寮として保有
または賃借している住宅に従業員を入居させる方法があります。

　図表3－3は、住宅手当と借上社宅を比較したものです。

2　住宅手当・家賃補助

　住宅手当等は、従業員が住んでいる賃貸住宅の家賃を一部補助す
るだけの比較的簡便な住宅支援です。しかし、手当等は税務上給与
であること、社会保険上の報酬にもあたることから、従業員および事
業主にとって税金や社会保険料等の費用増につながります。

3　社宅

(1) 社宅の分類

　社宅とは、事業主が保有または貸借した住宅に従業員・役員（以下、
従業員）を入居させるものです。社宅制度は、その入居対象者、徴収
する社宅使用料、入居期間等について事業主が規定した社宅管理規
程やその内規で運用されます。

　社宅は、構造や入居対象者等によって、図表3－4のように分類
できます。寮は社宅の一種ですが、従業員が家族を伴わずに単身で
入居するのが一般的です。独身寮は年齢の若い従業員を対象とし、
同年代の他の従業員とのコミュニケーションの場としての機能も期
待されています。単身寮は主に家族と離れ、単身赴任となっている
従業員が入居し、住宅費の二重負担の軽減等を目的としています。

　保有形態での分類では、社有社宅は事業主が所有する住宅に従業

員を入居させるもの、借上社宅は事業主が市中の住宅を賃借し、従業員を入居させるものです。集合社宅は、社有社宅においては、戸建社宅に比べて管理コストが割安となるメリットがあります。

(2) 社宅使用料の算定方式

社宅使用料には、多種の算定方式があります。

①単価方式

単位面積あたりの使用料単価に延べ床面積を乗じて社宅使用料とする方式です。単価は、当該物件の築年数、駅からの距離、構造、所在する地域の平均的な家賃相場等によって事業主が算定します

図表3-4　社宅の分類

分類基準	種　類	詳　細
入居する世帯人数	家族寮、（狭義の）社宅	従業員が家族とともに入居
	独身寮、単身寮	従業員が家族と離れて入居
役　職	役員社宅	役員が入居
	従業員（職員）社宅	従業員・職員が入居
戸　数	戸建社宅	一戸建。1つの世帯のみが入居
	集合社宅	アパート・マンション形式。複数の世帯が入居
保有形態	社有（保有）社宅	事業主が所有
	借上社宅	市場の賃貸住宅を事業主が賃借
目　的	転勤社宅、業務社宅	転勤者が入居
	厚生社宅	転勤者以外が入居
	（名称なし）	災害時等における緊急出勤者が入居

出所：可児俊信『借上社宅管理マニュアル』ウィズワークス「月刊総務」

が、築年数の経過や家賃相場の変動に応じて定期的に更新します。

②家賃準拠方式

主に借上社宅で使われている算定方式で、事業主が賃借している家賃の額に入居者の自己負担率を乗じて社宅使用料とします。また、所在地域ごとに基準家賃（賃料基準額ともいいます）を定め、原則として家賃がその額以内である住宅を社宅とする規程となっています。

これは、住宅を従業員が自ら見付けて社宅として申請し、事業主と貸主の賃貸借契約で借上社宅とする場合に、社宅としてふさわしくない高額な住宅を排除すると同時に、事業主の家賃負担が過重とならないようにするためのものです。基準家賃を超える住宅についても、家賃と基準家賃との差額を入居者が自己負担することで社宅として認める規程もあります。

社有社宅の使用料をこの方式で算定する場合は、当該社有社宅を市中の賃貸住宅とみなして、家賃を仮に算定します。

③国税庁方式

所得税基本通達で、社宅を現物給与としてみた場合の価額の算定式が定められています。詳細は第9章で後述しますが、土地と建物の固定資産税課税標準額をもとに社宅の税制上の評価額を算定します。その額をベースに社宅使用料とします。この方式によれば、社宅使用料が所得税基本通達に定める課税対象となる使用料を下回る懸念はありません。

社有社宅では固定資産税課税標準額は把握できており、算定は容易ですが、借上社宅では、当該賃貸住宅の管理会社にその額を問い合わせる手間が発生する上、金額を入手できない懸念もあり、すべての借上社宅への適用は難しいです。

④ポイント方式

主に社有社宅において用いられており、当該社宅の価値を多面的に評価して、それぞれポイントに換算し、その合計ポイント数に単価を乗じて社宅使用料とする方式です。通勤時間、駅からの距離、床面積、築年数、構造等をそれぞれ評価します。評価作業は手間がかかりますが、納得性の高い社宅使用料を算定できます。

借上社宅の場合は、家賃自体が当該住宅の市場における総合的な評価を反映して形成されていると考えられ、あえてポイント方式とする必要性は高くありません。

⑤組み合わせ方式

「①」～「④」の算定方式を組み合わせる方式も考えられます。

(3) 社宅制度のメリット

社宅制度には、人事異動において転勤を円滑に行うという人事運用上のメリットと、従業員の満足度を高め、採用や定着に効果を示す福利厚生上のメリットがあります。

転勤を伴う異動の発令から着任までの限られた日数で、赴任先での住居探し、引継ぎ挨拶、子女どもの転校の手続き等と並行して、引越しまで完了させるのは異動者にとって大変なストレスです。社宅があれば、その軽減につながります。一方で、赴任先の住居に対して、赴任者とその家族に十分な選択肢がないと、新しい住まいに対する不満が新たなストレスとなります。よって、赴任者等の満足度を高める社宅管理規程および制度運用も求められます。それがないと、社宅運用に多額の費用をかけても、費用対効果が薄くなってしまいます。

人材の採用・定着において、住宅支援施策は効果があるとされています。特に新卒者は、住宅手当、独身寮といった住宅費用の支援

を求めています。転職者は、福利厚生による受益を重要な報酬の一部として転職先を選定しますので、社宅の提供は大変有効です。

　また、自社内の潜在転職希望者に対しても、社宅の提供は、受益の大きさから現職にとどまるインセンティブとなります。

8 「働きやすさ」支援

1 「働きやすさ」支援の目的

　少子化や人口減少によって採用が困難となるなかで、従業員1人ひとりの労働生産性を一層高めなければ、生産高やサービス供給量を維持できません。

　そのため、福利厚生には労働生産性を向上させる職場づくりへの貢献が期待されています。それは、従業員からみれば、働きやすく、働きがいのある魅力的な職場です。

2 「働きやすさ」を支援する制度

　能力を高めるための自己啓発等のキャリア開発支援があります。従業員が業務に関連する知識を得ることで仕事や対外交渉がスムーズとなるのは明らかです。また、従業員が心身ともに健康でいられる職場環境を提供することも能力発揮につながります。プレゼンティーズム、アブセンティーズムの抑制も労働生産性の向上に直結します。

　育児や介護への支援も、従業員がキャリアを中断することなく継続就労できるため、労働生産性の向上につながります。さらに、育児・介護者等は、在宅勤務やリモートワークによって、事情に応じた働き方を選択でき、さらに働きやすくなります。

⑨ 生活支援

　生活支援とは、日常生活における支出を割安にすることで、実質的な可処分所得の引上げを狙うものです。現在の企業に勤めていることのメリットを享受させることで、定着を促すことができます。

　事業主が市中の店舗やサービス業者と提携して、従業員が割引で商品やサービスを利用できる法人優待制度があります。福利厚生パッケージのコンテンツの大部分は法人契約による割引購入・利用によるものです。宿泊施設、スポーツ施設も法人割引契約の対象となります。福利厚生パッケージのように、商品やサービスの提供者と法人契約を締結する際に法人会費を要するものもあります。

第４章

退職金・企業年金制度

第4章　退職金・企業年金制度

1 退職金制度と福利厚生

1 退職金制度の目的

　従業員の退職時の給付は、退職一時金と企業年金に大別されます。両者を合わせて退職金制度といいます。その目的は、従業員の長期勤続の促進です。長期勤続とは単なる定着にとどまらず、定年またはそれに準ずる年齢まで継続して勤務することです。勤続が長期化するにつれ、従業員に経験やノウハウ・知識・人脈が蓄積され、それが労働生産性の向上につながり、企業業績に貢献します。それに対して、定着とは、雇用された従業員の採用・研修・育成のために投じた労働費用を回収できる段階まで勤続した状態です。「人材が定着しない」とは、労働費用が回収できていない段階で従業員が退職した状態です。

　定着だけでなく長期勤続まで期待できる人事・福利厚生施策を実施するかどうかは、職種や人材戦略によります。長期勤続が労働生産性向上につながる職種（典型的には、技術者、熟練工、法人・個人営業、総務・人事等）と、定着の段階でそれが十分な職種（販売、オペレータ等）もありますので、職種によって、人事・福利厚生施策を異ならせる必要もあります。

2 退職給付の算定式

　退職金や企業年金は、導入の狙いに応じて、様々な給付算定式（退職一時金や年金の額の算定式）があります。

－ 91 －

(1) 給与比例方式

最も一般的な給付算定式で、

> 給付額＝退職時の基本給×勤続年数（または勤続年数に応じた係数）×退職事由別係数

となります。

基本給が高いほど、または勤続年数が長いほど給付額が高くなります。かつての労働慣行である「終身雇用」「年功序列」に適合しており、勤続年数に応じて昇給していくと給付額が増えるため、長期勤続に対するインセンティブが高まります。なお、給付額を抑えるため、基本給の一部のみを使用したり、基本給に代えた給付算定専用の給与や、全勤続の平均基本給を使用することもあります。

退職事由別係数は、退職事由によって給付額が異なります。他の算定式でも同様ですが、長期勤続を促進するために、自己都合退職時に給付額が下がるよう退職事由ごとに削減係数が設定されます。一般に、定年退職、会社都合退職、死亡退職では削減係数は適用されません。

(2) 定額方式

勤続年数のみが給付額に反映し、勤続年数が延びると直線的に給付額が増加します。算定式は、

> 給付額＝勤続1年あたりの退職金単価×勤続年数（または勤続年数に応じた係数）×退職事由別係数

となります。

勤続年数以外の算定要素がないため、在職期間中の給与や成果・評価は反映されません。従業員1人ひとりの労働生産性に差が少ない職場で有効です。「終身雇用」「年功序列」の労働慣行に適合します。

第4章　退職金・企業年金制度

(3) ポイント制

　ポイント制退職金は、1990年代後半導入されました。給与の額にも勤続年数にも連動しない退職給付です。これは、毎年1年間の働きぶりに応じたポイント数を付与する算定式です（図表4−1）。算定式は、

> 給付額＝毎年付与されるポイント数の入社から退職までにおける累計数×ポイント単価×退職事由別係数

となります。

図表4−1　ポイント制退職金の事例

製造業A社が1999年に導入

■算定式

退職金＝ (仕事等級累積ポイント ＋ 勤続累積ポイント) × ポイント単価 × 退職事由別係数

■ポイント表

■仕事等級ポイント

等級	A	B	C	D	E	F	G
ポイント	3	8	16	24	29	33	35

■勤続ポイント　15ポイント／年。30年が上限。

■運用例

勤続	等級	仕事等級Pt	勤続Pt	当年度付与Pt	累計付与Pt
1年目	A	3	15	18	18
2年目	A	3	15	18	36
3年目	B	8	15	23	59
4年目	C	16	15	31	90

勤続4年末で自己都合退職した場合の退職金額
　＝退職時の累計付与Pt×ポイント単価×退職事由別係数
　＝90Pt×10,000円×0.7＝63万円

出所:可児俊信「確定拠出年金の活用と企業年金制度の見直し」日本法令

− 93 −

働きぶりとは、付与年度での資格等級、成果・業績、勤続年数等であり、それぞれがポイント化され、合算されます。この算定式は、「年功序列」「終身雇用」ではなく、「成果主義」的な人事制度に適合しています。

　しかし、各従業員の毎年度の付与ポイント数を退職時まで管理する必要があり、他の給付算定式よりも手間がかかります。

　(1)から(3)までは、退職一時金だけでなく、企業年金の給付算定式としても用いられます。次の(4)は、企業年金だけの算定式です。

(4)キャッシュ・バランス・プラン

　キャッシュ・バランス・プランは、2002年の確定給付企業年金の創設と同時に生まれた新しい給付算定式です。算定式は、

> 給付額＝（掛金の累計額＋掛金に付与された利息の累計額）×退職事由別係数

となります。

　つまり、掛金に所定の利率により利息が付与された元利合計額が退職一時金額または年金原資となります。毎月積み立てる積立定期預金と似ています。

3　福利厚生と退職金制度の関係

　福利厚生制度と退職金制度との関係をみてみます。「福利厚生費調査」では、福利厚生費とは別に退職金費用も調査しています。つまり、退職金制度と福利厚生制度は並立した別の制度体系として捉えられています。退職金費用とは、退職一時金と企業年金の掛金額のうち事業主負担額および運営費用をいいます。福利厚生の範疇には、

－ 94 －

退職金は含まないとの認識が一般的です。

　なお、福利厚生と似た概念に企業福祉があります。福利厚生は法定外福利であり、事業主が任意かつ恩恵的に提供します。それに対して企業福祉は、社会保障と対になっているニュアンスが強まります。国は生活者に対して生活保障を提供します。社会保険、労働保険、社会福祉がその代表例です。同様に、事業主も国を補完して従業員に提供すべき生活保障があると考えるのが企業福祉です。よって、任意というより事業主の責務として生活保障を行うべきとなります。

　退職金制度は、公的年金を補完する老後の所得保障手段であることから、企業福祉の範疇には退職金制度も含まれると整理することができます。

2 退職金と企業年金

1 退職金と企業年金の違い

(1) 給付方法の違い

退職一時金は、退職時に一括で給付されます。企業年金は、退職後に所定年数または終身にわたり、年金を給付します。

従業員の生活設計の観点でみると、退職一時金は住宅ローンの一括返済原資や退職を機に社宅を出て自宅を購入する際等の資金となるメリットがあります。

一方で、長い老後期間の生活資金に充当するなら、毎年定期的に給付される企業年金の方が、収支管理がしやすいと考えられます。

(2) 税制の違い

退職一時金は、退職所得として所得税の課税対象となります。

一方、企業年金は、雑所得として、次のように所得税の課税対象となります。

「年金の雑所得＝給付年金額－公的年金等控除」

退職所得 退職一時金（企業年金を一時金として受け取る選択一時金を含む）は、給付額から勤続年数に応じた退職所得控除が適用され、その差額の半分が退職所得となる。算定式は、退職所得＝（給付金額－退職所得控除）× 1/2。

退職所得控除は、勤続年数に応じて算定され、例えば、勤続 38 年では 2,060 万円。給付額がその額以下であれば課税されない上、他の所得とも合算されないため、税率が高くなることはない。

— 96 —

給付年金額が極端に少ない場合を除き、雑所得がゼロになることはありません。また、同じ年度の他の所得と合算され、税率が算定されます。

税制上は、退職一時金額が極端に多くないかぎり、退職所得の方が有利といえます。

2　企業年金の長所

企業年金は、従業員の長期勤続を促進すると同時に老後の所得保障の手段でもあります。目的は退職一時金と同じです。一方、退職一時金と比べた企業年金の長所は以下の4点となります。

(1) 企業の負担額

企業年金は、退職一時金より事業主の負担額が少なくなります（図表4-2）。退職一時金は、退職が発生した時点で事業主が従業員に給付します。一方、企業年金は、従業員が入社した時点から、年金制度を受託する金融機関に、事業主が継続的（月払が一般的）に掛金

図表4-2　退職一時金と企業年金の負担額

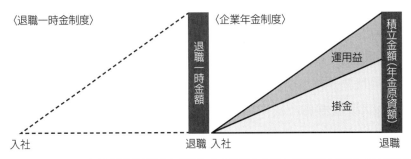

出所：可児俊信「確定拠出年金の活用と企業年金制度の見直し」日本法令

を拠出します。金融機関では掛金を運用して運用益を得て積立金に繰り入れます。よって、掛金と運用益の合計額で所定の給付額を確保すればよいので、事業主が拠出する掛金の合計額は退職一時金より少なくて済みます。

(2) 資金支出のタイミング

退職一時金は、退職が発生する都度に事業主が給付します。定年退職以外は発生時期が予測できず、計画的な支出が困難です。一方、企業年金は掛金を継続的に支出するため、計画的な資金準備ができます。

(3) 退職給付会計の適用

退職一時金は積立金の裏付けがないため、退職給付債務の額がそのまま貸借対照表に負債として計上されます。企業年金では、退職給付債務から積立金を差し引いた差額が負債として計上されます。よって、会計的には企業年金の方が、負債額が少なくて済みます。ただし、企業年金の運用益は計画どおりに得られませんので、負債額が想定外に変動するリスクがあります。

(4) 退職金の保全

勤務先が倒産して解雇となってしまえば、従業員は退職金規程どおりの退職一時金の期待が難しくなります。一方、企業年金は外部の金融機関が積立金を管理しているため、倒産しても積立金が失われません。従業員にとっては企業年金の方が安心といえます。

企業年金の長所を挙げましたが、事業主の負担額の少なさが最大

の長所です。ただし、これは多くの運用益が見込める場合に限られ、低金利・低利回りの環境下では、企業年金の長所は相対的に低下することに留意してください。

3 退職金と企業年金の関係

(1) 退職一時金からの移行

退職一時金は戦前から存在し、企業年金制度は1960年代に創設されました。そのため、企業年金は退職金規程で定める退職一時金額の一部（または全部）を移行することで導入が進んできました。企業年金がある場合、企業年金は受託金融機関から退職者に給付され、企業年金に移行していない退職一時金額は企業から退職者に給付さ

図表4-3　退職一時金と企業年金の関係

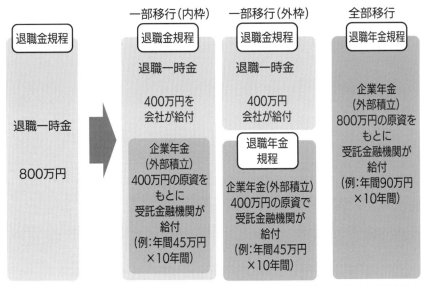

出所：可児俊信「確定拠出年金の活用と企業年金制度の見直し」日本法令

れます。

　退職一時金から企業年金への移行には、図表4－3に示すような移行方法があります。企業年金への移行に伴って退職一時金制度がなくなるものを全部移行といいます。それに対して、企業年金に移行しても、退職一時金が残るものを一部移行といいます。企業年金の創設当時は、退職一時金に税制優遇措置があった等の理由から一部移行が主流でした。

(2) 内枠移行と外枠移行

　内枠移行とは、企業年金移行後も退職金規程はそのままで、「事業主から従業員への給付額＝退職金規程の額－企業年金からの給付額」となり、企業年金からの給付額が退職金規程の一部となるような企業年金と退職金規程の関係です。それに対して、退職金規程とは別に企業年金から給付される関係を外枠移行といいます。

3 退職金制度の変遷

1 企業年金制度の創設

図表4－4は、退職一時金および企業年金制度等の変遷です。退職一時金は、戦後、経済・産業が復興するなかで、従業員の長期勤続を促進する手段として普及しました。

退職一時金の給付算定式は、長期勤続のインセンティブとなるよう給与比例方式が一般的でした。今でもこの算定式を持つ退職金規程は多くあります。勤続年数が長くなるほど給付額が高くなりますので、1950年代後半になると事業主にとって退職金が負担になり始め、企業年金制度の創設を求める声が高まりました。

図表4－4 退職一時金と企業年金制度等の変遷

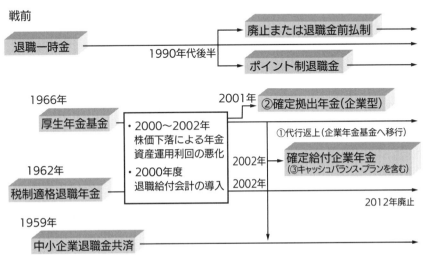

出所：可児俊信「確定拠出年金の活用と企業年金制度の見直し」日本法令

企業年金の創設は、国と大企業との調整が長引きました。そこで、企業年金創設のニーズに早急に応えるために、1962年に掛金が損金処理できる企業年金の要件を法人税法に定めました。税制適格退職年金といいます。本格的な企業年金は、1966年に厚生年金基金として創設されました。これは、厚生年金保険料のうち、代行部分に見合う保険料を国ではなく基金が預かり運用し、支給するもので、預かった分の運用益で、結果的に事業主の負担が軽減されるものです。基金は運用益のうち将来の代行給付に備えた積立額を超える分について、独自給付の増額や福利厚生の充実に充てることができました。

　厚生年金基金および税制適格退職年金が企業年金の二本柱である時代は、2000年まで続きます。

厚生年金基金　単独または複数企業で基金を作り、公的年金として国が実施する厚生年金保険の一部（老齢厚生年金の老齢給付（再評価部分、スライド部分を除く））を代行（代行部分）し、さらに独自の給付を加算（加算部分）して給付する年金制度

2　1990年代後半の退職一時金の動き

　企業年金は、退職金規程の内枠として普及したため、その後も退職一時金制度は存続しました。また、勤続年数が長期化すると給付額増となる給与比例方式が主流でした。1990年代後半に入り企業業績が悪化すると、事業主は退職金の負担に耐えかね、基本給や勤続年数に連動しない新しい給付算定式が望まれました。その結果、ポイント制退職金が大企業を中心に急速に広がりました。ポイント制では、基本給や勤続年数と給付額との連動性が弱く、昇給や長期勤続と給付額との関連性を断ち切ることができました。

1990年代後半になると、2000年度から退職給付会計が導入され、退職給付債務の積立不足が会計上の負債に計上されることがスケジュール化されました。積立不足の回避を目的に、退職一時金自体を廃止する事業主もあらわれました。退職時に退職一時金を給付するのではなく、給与または賞与に退職金前払手当を上乗せする退職金前払制度です。

退職給付会計　退職給付（退職一時金、企業年金）の会計処理を、国際的な会計基準に収れんさせるために2000年度から導入された会計基準。退職給付を従業員に対する事業主の債務とみなし、年金積立金が債務の時価評価額に不足する額（積立不足）を母体企業の負債と認識する。

3　2000年以降の企業年金の動き

　2000〜02年度の3年間は、企業業績の低迷とともに株価平均も下落し、企業年金の運用利回りが低下しました。このため、多くの企業年金で、将来の給付に備えた必要な積立額を下回る"積立不足"に陥りました。折悪く、2000年度から退職給付会計が導入され、積立不足が貸借対照表に負債として計上されることになりました。

　この状況を改善するために、いくつかの法改正が実施されました。まず、2001年には確定拠出年金が創設されました。確定拠出年金は、退職給付会計上は退職給付債務を算定しないため、積立不足が発生しません。2002年には厚生年金基金の代行返上が認められました。同年に確定給付企業年金も創設され、給付算定式としてキャッシュ・バランス・プランを用いることも可能となりました。2002年度から税制適格退職年金の新設が認められなくなり、10年後の2012年3月末で廃止されました。

― 103 ―

厚生年金基金が代行返上され、税制適格退職年金も他の企業年金等に移行して減少し、その代替として確定給付企業年金や確定拠出年金が増加し、2002年から10年間をかけて企業年金の新旧交代が進みました（図表4－5）。

図表4－5　企業年金の加入者数の推移

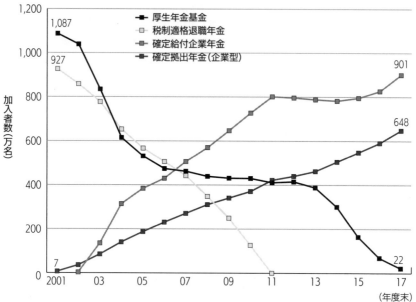

出所：厚生労働省「確定拠出年金の施行状況」、「規約数等の推移」、生命保険協会・信託協会・全国共済農業協同組合連合会「企業年金の受託概況」、企業年金連合会「企業年金実態調査」

4 企業年金の種類

1 厚生年金基金

　厚生年金基金は、2014年度以降、新設は認められなくなりました。

　厚生年金基金は、1990年代中盤には基金数1,883件、加入者数1,225万名まで普及しました。その後、運用利回りの低下と退職給付会計の導入が重なって事業主の財務上の負担となったことで、2002年に代行返上が認められて以降、大企業が運用する単独型・連合型はほとんどが企業年金基金に移行しました。中小企業が各業界で設立した総合型厚生年金基金も2014年度から2018年度にかけて解散を促す法改正がなされ、解散または代行返上して総合型企業年金基金に移行しています。

2 確定給付企業年金

(1) 確定給付企業年金の創設理由

　確定給付企業年金は、2002年4月に創設された新企業年金です。役割は3つあります。

　①代行返上した厚生年金基金の受け皿

　　　代行返上により基金の代行部分が失われ、残った加算部分を確定給付企業年金として引き継いだものです。

　②キャッシュ・バランス・プランの創設

　　　これまで企業年金の給付算定式は、給与比例方式、定額方式、ポイント制でした。これに加え確定給付企業年金法において、

－ 105 －

キャッシュ・バランス・プランが新たに加わりました。

③廃止された税制適格退職年金の受け皿

企業年金を継続するために、税制適格退職年金の後継となりました。

(2) キャッシュ・バランス・プラン

キャッシュ・バランス・プランは、確定給付企業年金法に定められた新しい給付算定式です。

掛金の算定式は、年金規約で定めることになりますが、定率（基本給×掛金率）、定額、ポイント制退職金規程により「毎年新たに付与されたポイント数×ポイント単価」等が代表的です。

掛金に対して付利される利率（指標利率といいます）は毎年変動します。毎年の利率の設定方法は規約で定めます。固定利率とすることもできますが、年金資産の運用利回りに連動しやすいように毎年の長期金利水準（具体的には長期国債の利回り）をもとに設定するのがキャッシュ・バランス・プランの長所を引き出す設定方法です。長期国債の利回りが低下→利率が低下→利息額が減少→元利合計（各個人の年金資産額）の伸びが鈍る、となり、長期金利が低下すれば給付額も抑制されます。そのため、積立不足の発生額を縮減できます。

(3) リスク分担型企業年金

キャッシュ・バランス・プランは、積立不足の発生頻度や発生額を軽減できますが、なくすことはできません。その点で確定拠出年金とは大きく異なります。そこで、確定給付企業年金であっても積立不足が発生しない給付として、2017年1月に創設されたのがリスク分担型企業年金です。

仕組みの要点は以下の2点です（図表4－6）。

図表4－6　リスク分担型企業年金の給付増額・減額のイメージ

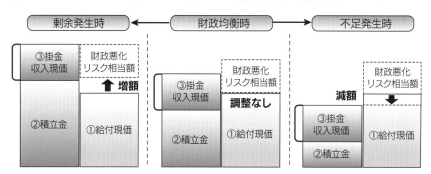

※給付の額に乗じる調整率を増減させることにより、給付の額を変動。

出所：ニッセイ基礎研究所『導入迫るリスク分担型企業年金』

　確定給付企業年金には、運用計画と運用実績との差異により積立不足が発生するリスクがあります。予測される積立不足発生リスクの大きさを財政悪化リスク相当額といいます。よって、不足が予測される分だけ多く積立金を積み立てておけば、不足の発生を防ぐことができます。そのために通常の掛金以外にリスク対応掛金を拠出します。これによって、必要額以上の積立金があることになり、運用実績が低下しても、ただちに不足が発生することはありません。

　企業年金は、通常、必要以上の掛金を拠出することはできません。企業年金の掛金は、税制上損金となり節税につながるからです。リスク対応掛金は、将来発生する可能性のある不足に対応するものとされています。リスク分担型企業年金の給付算定式では、給与比例方式、定額方式、ポイント制、キャッシュ・バランス・プランおよびそれらの組み合わせが選択できます。

　運用実績が大幅に低下して財政悪化が予測を上回った場合には、積立不足が発生することがあります。不足があると規程に定めた年金額が給付できない恐れがあります。よって、通常の企業年金では、

掛金を追加拠出して不足を埋めなければなりません。

それに対して、リスク分担型企業年金では追加拠出をしません。その代わりに、不足額に応じて給付額を減額します。よって、従業員にリスクが転嫁されます。給付額は、本来の規程上の給付額に積立金の充足度に応じた調整率を乗じて算定されます。

事業主に掛金の追加拠出義務がないことで、会計上も確定拠出年金と同様に扱われます。

3 企業型確定拠出年金（企業型年金）

(1) 確定拠出年金の創設理由

2000年前後に企業年金の積立不足が多く発生し、しかも、それが貸借対照表上に負債として計上される退職給付会計が2000年度から導入されることになり、新しい企業年金が求められました。そこで、米国の401（k）プランという制度加入者である従業員自身が積立金を運用する年金積立制度に着目し、事業主が給付額に会計上の責任を持たない企業年金として確定拠出年金が2001年10月に創設されました。

事業主が給付額に対して責任を持たないため、確定拠出年金では退職給付債務はありません。よって、退職給付債務と積立金の差額である積立不足は発生しません。また、積立不足がないので、事業主が掛金を追加拠出するリスクもありません。

(2) 制度の概要

事業主が掛金を拠出する確定拠出年金を企業型年金といいます。

企業型年金では確定拠出年金規約を定め、その規約において加入

対象者、掛金額の設定方法、マッチング拠出の有無等を定めます。

①加入対象者

　　60歳未満の第1号および第4号厚生年金被保険者（民間サラリーマンおよび私立学校の教職員）である従業員が加入対象となります。規約によって、所定の職種、勤続年数、年齢によって加入資格を定めることができるほか、加入希望者に加入資格を与えることができます。

②拠出できる掛金

　　企業型年金は、事業主の退職金制度であるため、事業主が掛金を拠出します。事業主掛金に加えて、加入者である従業員も所定の限度額の範囲内で給与控除にて加入者掛金を拠出することも可能です。これをマッチング拠出といいます。拠出額には上限が定められています。

　　事業主掛金（マッチング拠出の場合は、加入者掛金との合計）は、その加入者が他の企業年金に加入していない場合は、月額55,000円、年額で660,000円まで拠出できます。他の企業年金にも加入している場合は、その半額となり、月額で27,500円、年額で330,000円となります。

③マッチング拠出の加入者掛金

　　事業主掛金と加入者掛金を合計した額で拠出限度を判定します。また、加入者掛金額は事業主掛金額を超えて拠出することはできません。よって、事業主掛金額が少ない場合は、加入者掛金額を合計しても、拠出限度額に届かないことがあります。

④運用商品と投資教育

　　確定拠出年金は、従業員が積立金を運用するため、事業主が適切な運用商品と選定し、さらに事業主には加入時および継続

的に投資教育を提供する努力義務があります。

　確定拠出年金法で、投資できる運用商品が多く示されていますが、実際に提示されている運用商品は、預金、生命保険、投資信託（株式投信、公社債投信、国内投信、海外投信、バランス型、ライフサイクル型等）がほとんどです。預金と保険は元本が確保されている運用商品です。

投資教育　導入時投資教育と継続投資教育に分けられ、いずれも事業主の努力義務。教育内容によって、①老後の生活保障の重要性、②確定拠出年金や他の企業年金、退職金の制度内容、③金融商品の仕組みと特徴、④資産運用の基礎知識等がある。提供方法によって、①集合形式でのセミナー、②紙媒体、DVD 等の提供による自己学習、③ウェブでの e ラーニング等がある。

---

⑤給付

　給付の種類には、老齢給付、障害給付、死亡一時金の3種類があります。老齢給付は、60歳から70歳までの間で給付を開始することができます。確定拠出年金への加入期間等が短い加入者は、給付が開始される年齢が60歳より繰り下がります。年金または一時金が選択できます。加入期間中に一定以上の障害状態になった場合には障害給付を受けることができます。加入者が受給開始前に死亡した場合は、遺族が積立金残高を死亡給付の一時金として受けることができます。

⑥ポータビリティ　確定拠出年金は高齢期の所得保障手段としての性格が強いため、60歳到達以前で給付を受けることはできません。逆にいえば、加入者の積立金は60歳まで継続して積み立てられることになります。これを転職先の企業型年金や個人型年金に移換し、積立てを継続できます。

第4章　退職金・企業年金制度

> **厚生年金被保険者**　2015年10月に共済年金が厚生年金保険に統合。旧共済年金加入者は厚生年金被保険者となった。そのため、従来からの厚生年金被保険者を第1号厚生年金被保険者、国家公務員を第2号厚生年金被保険者、地方公務員を第3号厚生年金被保険者、私立学校教職員を第4号厚生年金被保険者として区分。

> **他の企業年金**　確定拠出年金法では、確定給付企業年金、厚生年金基金、石炭鉱業年金基金、私立学校教職員共済をいう。中退共は他の企業年金ではない。

4　iDeCo（個人型年金）

(1) 個人型年金の創設理由

　事業主ではなく、加入者自身が掛金を拠出する確定拠出年金を個人型年金といいます。長寿化が進み、平均余命が伸びる一方で、公的年金の給付額は少子・高齢化に影響を受けて抑制されています。また、企業年金も低金利の影響で給付額が低下しました。よって、国民の自助努力を引き出して、老後の生活資金を自ら準備させる目的で、2001年に創設されましたが、2017年1月から大幅に制度が拡充され、本格的にスタートしました。

(2) 制度の概要

①加入対象者と掛金の拠出限度額

　　加入できるのは、60歳未満の公的年金被保険者です。よって、サラリーマンだけでなく、公務員、私学教職員、パートタイマー等や自営業、専業主婦も加入できます。ただし、60歳以上の方は加入できません。

　　加入者掛金は、全額が所得控除の対象となりますので、拠出

－ 111 －

限度額が設けられています（図表4－7）。拠出限度額は、国民年金の被保険者区分、企業型年金への加入の有無、他の企業年金への加入の有無によって異なります。よって、同じ職場でも正社員と非正社員またはパートタイマーで拠出限度額が異なることがあります。

②加入手続き

加入手続きは、図表4－8のとおりです。個人型年金への加入希望者は、運営管理機関で加入手続きを行います。運営管理機関は、個人型確定拠出年金の受付窓口となる機関で、ほとんどの金融機関が運営管理機関となっています。運営管理機関は、加入者が選定します。加入手続きの際に、加入者掛金額を決定し、運営管理機関が選定・提示した運用商品のなかから運用商品を選択します。

図表4－7　iDeCoの掛金拠出限度額

単位：円

他の制度の加入状況等			限度額（月額）	限度額（年額）
国民年金第1号被保険者			68,000	816,000
国民年金第2号被保険者	第1号厚生年金被保険者	企業型年金に加入している　他の企業年金に加入している	12,000	144,000
		企業型年金に加入している　他の企業年金に加入していない	20,000	240,000
		企業型年金に加入していない　他の企業年金に加入している	12,000	144,000
		企業型年金に加入していない　他の企業年金に加入していない	23,000	276,000
	第2号厚生年金被保険者		12,000	144,000
	第3号厚生年金被保険者			
	第4号厚生年金被保険者			
国民年金第3号被保険者			23,000	276,000

出所：可児俊信「確定拠出年金の活用と企業年金制度の見直し」日本法令

図表 4 − 8　iDeCoへの加入手続き

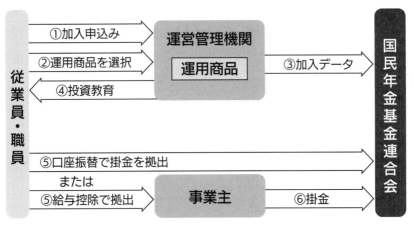

事業主は、掛金の給与控除を加入者が希望した場合、「正当な理由なく拒否してはならない」
（確定拠出年金法第70条）

出所：可児俊信「共済会の実践的グランドデザイン」労務研究所

　加入手続きを済ませた後、掛金の拠出手続きを行います。銀行口座振替か、厚生年金被保険者であれば事業主に給与控除を依頼できます。法令では、事業主は正当な理由がなければ、この依頼を拒否できないとしています。仮に給与控除を拒否された場合は、銀行口座振替が可能です。事業主のいない国民年金第1号または第3号被保険者も、銀行口座振替となります。
　加入者への投資教育は、国民年金基金連合会に努力義務があり、運営管理機関に投資教育を委託しています。

5 退職金前払制度

　退職金前払制度は、退職一時金を廃止して、退職一時金額の現価相当額を退職金前払手当として毎年、給与または賞与に加算して給付する制度です（図表4－9）。

図表4－9　退職金前払制度への移行

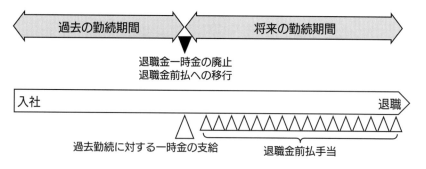

出所：可児俊信「確定拠出年金の活用と企業年金制度の見直し」日本法令

第5章
カフェテリアプラン

1 カフェテリアプランの普及

1 カフェテリアプランの発祥

　カフェテリアプランは、米国のフレキシブル・ベネフィット・プランを参考に、1995年に日本で初めて導入されました。米国は公的医療保険制度が一部の国民にしか提供されていないことから、職域の従業員には、労働慣行として事業主の福利厚生によって医療費の負担軽減を図っています。米国では医療費が毎年高騰し、事業主の負担が重くなっていました。そこで、従業員に一定の医療費補助予算と医療費軽減プランを付与し、従業員が予算の範囲内で自分に合ったプランを選択することができるようになりました。これがフレキシブル・ベネフィット・プランです。

　厚生省（当時、以下同じ）がこれに着目しました。日本では、社会保険料率が上がり、事業主の法定福利費負担が重くなってきたことから、法定外である福利厚生費を一定の予算内に納める仕組みとして転用したのです。

2 カフェテリアプラン普及の背景

　1990年以降、バブルが崩壊して企業業績が低迷したことから、日本のカフェテリアプランは、主に福利厚生費を一定の範囲内に抑制する手段として普及しました。厚生省だけでなく通商産業省（当時）も普及を支援し、2000年頃から大企業と地方公務員の職員互助会・互助組合を中心に広がり始めました。

2003年以降は景気が回復し、企業業績も上向くと、大企業にお
けるコスト抑制の目的での導入はいったん鈍化しました（図表5－
1）。一方で、中堅企業においては待遇改善手段として導入が増えま
した。

　2012年からのアベノミクスでの景気回復期に入り、再び導入率が
高まり始めています。この背景には、人材確保に向けて待遇の一段
の改善が試みられていることと、大企業では既に福利厚生は一巡し
ているなかで、「健康経営」、両立支援、ダイバーシティ推進といった
企業独自の人事戦略を推進する手段としてカフェテリアプランが位
置付けられていることがあります。

　カフェテリアプランの導入状況をみてみると、2017年度「福利厚生
費調査」では、導入率は回答企業全体の14.7％でした。つまり7社に
1社の割合で導入していることになりますが、5,000名以上の大手企
業に限れば、導入率は35.9％と3社に1社以上が導入しています。

図表5－1　カフェテリアプランの従業員規模別導入率の推移

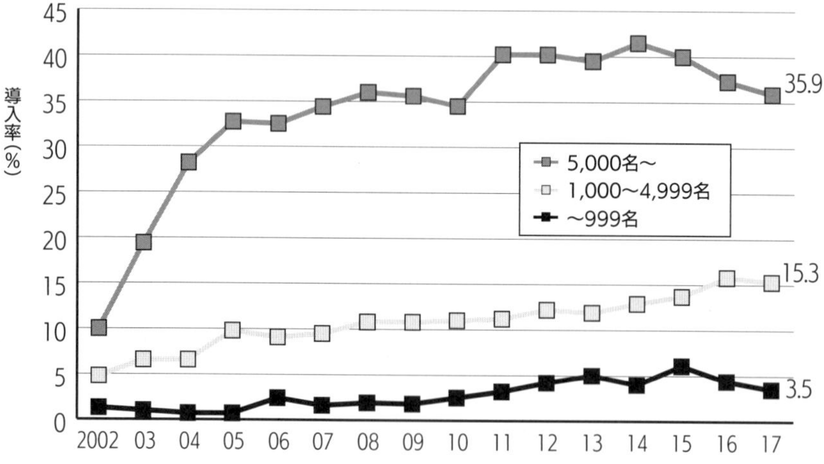

出所：経団連「福利厚生費調査」

第5章 カフェテリアプラン

❷ カフェテリアプランのメリット

1 多様なニーズへの対応

　かつての福利厚生は、終身雇用される世帯主である男性正社員を主な対象としていました。その後、次第に女性従業員の増加、外国籍人材の採用、非正規社員の拡大・基幹化、再雇用や定年延長による高年齢者雇用の拡大とダイバーシティが進み、未婚化や晩婚・晩産化といった従業員のライフスタイルの多様化も加わり、福利厚生に対する従業員のニーズは多様化しています。

　カフェテリアプランは、多くの従業員の満足度を高め、定着を促し、戦力化を進めるため、多様なニーズに対応できる福利厚生の手段となっています。

2 福利厚生費の再配分と受益の公平化

　21世紀に入ってニーズが高まっているワーク・ライフバランス支援、ヘルスケア支援、ライフプラン支援の福利厚生を実施するには、従来の福利厚生制度の費用を再分配して、新たな福利厚生の原資とする必要があります。

　社宅・寮や保養所に代表される一部の従業員に利用が片寄っていた福利厚生制度を削減し、その原資をポイントとして全員に分配すれば、新しい福利厚生制度が実施できる他、一部の従業員に片寄っていた福利厚生費がより公平に配分されます。

－ 119 －

3 福利厚生費の抑制

多様なニーズに対応して福利厚生制度を整備すると、通常は福利厚生費が増えてしまいます。しかし、カフェテリアプランは、従業員に付与する福利厚生予算（付与ポイントといいます）を一定にすることで、福利厚生費の増加を防ぐことができます。付与ポイントを超える費用は発生しないため、福利厚生費の総額を増やすことなく「従業員投資型福利厚生」に移行できます。

各従業員のポイント消化の履歴管理という新たな事務負荷が発生しますが、これはポイント管理事務をアウトソーシングすることで回避できます。

4 福利厚生受益の可視化

福利厚生費を従業員に配分する際に、特定の福利厚生施策の拡充に使用するよりも、カフェテリアプランの付与ポイントの増加に充当する方が財源の使い道が可視化されます。加えて、年間を通じて付与ポイントを消化していくため、消化状況が常に意識されることになります。

業績が向上した際に賞与を増額するだけでなく、カフェテリアプランの付与ポイントの加算を組み合わせる事業主もみられます。

5 人材の育成

カフェテリアプランを福利厚生制度としてだけでなく、従業員の育成や定着の補助ツールと位置付ける動きも新たにみられるように

なっています。

　ＩＴ業界等では、個々人の従業員の能力が労働生産性に直結する部分が大きいことや、長時間労働や出産・育児による女性社員の離職率が高いため、他業種と比べて人材育成や定着をより重視する傾向にあります。

　このため、カフェテリアプランのメニューに、自己啓発補助、育児補助、介護補助等を追加し、さらにこれらのメニューのポイント単価を高める優遇を行い、自己啓発やワーク・ライフバランス推進を支援しています。これにより、特定メニューへの利用促進を図る他、自己啓発等や女性社員の両立支援の推進を図り、育成や定着につなげています。

❸ カフェテリアプランの設計

1 カフェテリアプランの導入プロセス

　カフェテリアプランの導入準備期間は、メニューや付与ポイント等の制度設計をどうするかに加えて、ポイント導入後の事務運用をアウトソーサーに委託するか、自社で運営するかで大きく異なります。アウトソーサーに委託する場合、最短で6カ月程度で済みますが、自社運営の場合は、ポイント管理等のシステム構築が必要であること、メニュー設計のノウハウが社内にないこと等から、1年以上の準備期間が必要です。

　カフェテリアプラン導入の工程としては、①原資の調達（既存の福利厚生制度のスクラップおよび新規予算の獲得）、②メニュー設計、③事務運用フローの設計、④従業員向けの制度告知、⑤導入後の定期的な制度見直し、が挙げられます。

2 カフェテリアプランに必要な原資額

　カフェテリアプラン制度に必要な原資額は、次の4項目です。

(1) 従業員に付与するポイント金額の費用

　必要額は、

　「カフェテリアプラン対象者数×1人あたりの付与ポイント数（円換算）」

となります。

第5章　カフェテリアプラン

図表5-2　付与ポイント額の分布（同社受託カフェテリアプランでの平均）

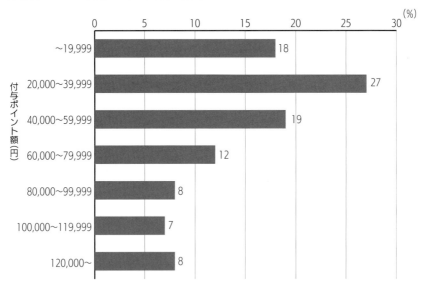

出所：ベネフィット・ワン「カフェテリアプランメニューの傾向と平均像（2017年度）」

　付与ポイント数は事業主によって様々です。例えば、福利厚生アウトソーサーであるベネフィット・ワンがカフェテリアプランの運営を受託している432団体の平均付与ポイントは、民間企業で67,300Pt、官公庁の互助会・互助組合で14,200Pt（2017年度実績）です（1Pt＝1円換算）。

　ちなみに、「福利厚生費調査」では、ポイントの消化額ベースで58,104円（ポイント消化率を81％と仮定すると、付与ポイント数は71,733Ptと仮定できます（2017年度）です。

　労務研究所の「旬刊福利厚生」調査では、民間企業で66,700Ptです（2017年度）。仮に、1,000名規模で、60,000Pt付与するなら、6,000万円が必要ということです。

　これはあくまで平均値であり、実際には3万Ptから20万Pt以上ま

で幅広く分布しています。最多集中帯は30,000Pt台です（図表5
－2）。

(2) カフェテリアプランの管理費
　カフェテリアプランの事務運用は、他の福利厚生制度に比べて煩雑です。カフェテリアプラン対象従業員1人ひとりの付与ポイントを履歴管理し、現時点での残ポイントも常に把握しておくためです。管理費用には、管理システムの開発・維持・更新費用に加えて、担当者の人件費も含まれます。
　一般には、事務運用の煩雑さを回避するために、2000年以降では福利厚生アウトソーサーに業務委託する例がほとんどです。その場合、外注費が発生します。外注費は、委託業務の範囲の広さや、カフェテリアプランの対象となる従業員数によって異なります。ある程度

図表5－3　カフェテリアプランのメニュー設計のイメージ

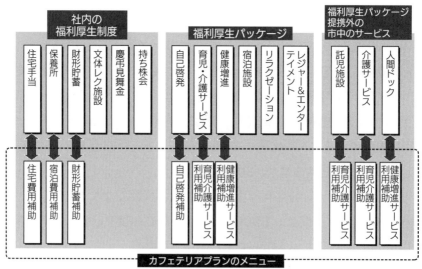

出所：筆者作成

の企業規模であれば、外注費は、対象従業員1名あたり月額で数10円から200円以内でしょう。

　事務運用は、ポイント消化の申請受付や申請証憑の精査、消化履歴の記録・管理に加え、対象従業員からの照会対応や、利用従業員への返金データ（通常は加給で返戻）の作成等、多岐にわたります。

(3) 福利厚生パッケージの会費

　カフェテリアプランにおいて、メニューの十分な選択性を担保するために、福利厚生パッケージを同時に導入し、自社の福利厚生制度以外にも選択肢を増やすケースが一般的です（図表5-3）。

　自社内制度の一部と福利厚生パッケージのコンテンツの一部を主なメニューとします。

　福利厚生パッケージには、従業員数に応じた会費が発生します。会費は、パッケージ提供業者やサービスの水準によって異なります。

　この3項目が毎年必要なランニング費用となります。

(4) 導入時の初期費用

　社内で導入するなら、システム開発コストがかかります。アウトソーシングする場合でも、システム設定費用が数10万円かかります。それ以外に、説明会開催や告知資料作成の費用がかかります。

3　福利厚生の見直しと原資調達

　カフェテリアプラン原資のすべてが新規予算で確保される例は少なく、既存の福利厚生制度をスクラップして原資を調達するか、新規予算を上乗せして調達されます。

スクラップの対象となるのは、会社が志向する福利厚生の目的に制度・内容が沿わなくなったか、あるいは課題視されている制度です。

課題視されている福利厚生制度には、①一部の従業員に利用が片寄っている、②現在のニーズに合わないが代替策がないため存続している、等があります。

(1) 利用が片寄っている福利厚生制度

利用が片寄っているとされる制度の代表が社宅制度です。社宅制度は転勤施策の下支えであるため、制度は存続させますが、社宅使用料を適正水準まで引き上げることで福利厚生原資を削減し、削減分を付与ポイントの原資に振り替えます。

結果的に、付与ポイントへの転換を通じて社宅に片寄っていた福利厚生費が他の福利厚生分野に再配分されます。

社員食堂への補助も同様で、補助を引き下げて適正な受益者負担を求める一方、同時にカフェテリアプランのメニューに昼食補助を入れ、従前の従業員受益をある程度担保する方式がとられています。

(2) 現在のニーズに合わない福利厚生制度

現在の福利厚生ニーズに合わない制度としては、医療費補助（保険適用内医療費だけでなく、差額ベッド代等の保険適用外も含む）があります。疾病予防・健康増進を促すことで労働生産性の向上と医療費の削減を図ろうという社会の方向性のなかでは、やや後ろ向きにみえます。

宿泊補助は、法人割引で利用できる宿泊施設が増えていることから、必要性は低下しているといえます。

結婚祝金、出産祝金といった慶事給付は、結婚した従業員だけし

か受給できないため、生涯未婚率の上昇、ライフスタイルの多様化に
はなじまないものとなりつつあります。

4 メニュー

(1) メニュー分野の傾向

　実際に採用されているカフェテリアプランのメニューについて、ベ
ネフィット・ワンが受託している団体のメニューを、福利厚生分野
別に集計すると図表5－4になります。分野別の内容は図表5－5
のようになります。

　採用率が高いメニューは、「育児・介護」（メニュー全体の
25.1％）、「健康増進・疾病予防」（同19.3％）、「余暇・リラックス」
（同16.0％）、「自己啓発」（同13.0％）となっています。「余暇・リラッ
クス」を除き、従業員の能力向上や働きやすさといった労働生産性向
上につながるメニューです。

　一方、「財産形成」「会社生活関連」「住宅」といった生活支援に関
するメニューの採用率は、それぞれ13.1％、9.5％、4.2％とあまり高
くはありません。

　しかし、生活支援に関するメニューを採用することで従業員の生
活満足度の向上や人材定着の効果も期待でき、特に「財産形成」は退
職後の従業員の生活費の準備を支援する重要なメニューであり、自
助努力を促すために企業が政策的に活用するケースもみられます。

(2) メニューの設計時の視点

　メニュー設計においては、まず、従業員の能力向上や働きやすさへ
の貢献、人材定着の効果といった、事業主として利用して欲しいメ

図表5-4　福利厚生分野ごとのメニュー採用率

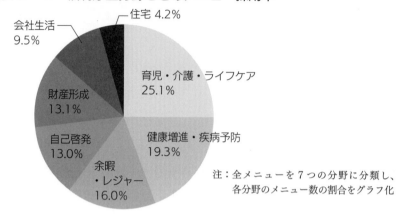

出所：ベネフィット・ワン「カフェテリアプランメニューの傾向と平均像（2017年度）」

図表5-5　カフェテリアプランの7分野のメニューの内容

大分類	ポイント申請対象
① 育児・介護・ライフケア	・育児サービス・施設の利用補助、育児用品の購入・レンタル補助 ・介護サービス・施設の利用補助、介護用品の購入・レンタル補助 ・子女教育費用の補助等
② 健康増進・疾病予防	・人間ドック・検診、予防医療、健康増進サービスの利用補助 ・医療費の補助 ・スポーツ施設の利用補助　等
③ 余暇・レジャー	・宿泊・旅行費用、交通費の補助 ・ゴルフ、レジャー・リラクゼーション施設の利用補助　等
④ 自己啓発	・通信・通学の講座受講料、語学教室の補助 ・資格取得費用補助 ・自己啓発、ＩＴ機器購入費補助　等
⑤ 会社生活	・昼食補助、社内コミュニケーション・クラブ活動補助 ・自社製品購入、ボランティア・募金補助 ・海外赴任者支援　ギフト　等
⑥ 財産形成	・財形、保険、持ち株会の掛金補助 ・ライフプラン・ＦＰ情報関連セミナー・相談費用　等
⑦ 住宅	・家賃、寮・社宅使用料、ローン補助 ・引越し費用、住宅改修費補助　等

出所：ベネフィット・ワン「カフェテリアプランメニューの傾向と平均像（2017年度）」

ニュー（「育児・介護」「疾病予防・健康増進」「自己啓発」等）を採用することになります。利用して欲しいメニューの利用を促すため、そのメニューに限って消化時のポイント単価を引き上げることも有効です。

　次に、カフェテリアプラン原資の調達に際して廃止する福利厚生制度を、カフェテリアプランのメニューとして改めて採用するかどうかを検討します。カフェテリアプラン原資の調達に際して見直しの対象となる主な制度としては、社宅制度や保養所等が挙げられます。こうした制度は、カフェテリアプランのメニューとして採用する必要は高くありませんが、既得権者への配慮等が必要な場合には、家賃補助メニューや宿泊費補助等のメニューとして採用を検討することになります。

　また、ポイントの消化率を一定程度高めるため、宿泊・旅行費用等の「余暇・リラックス」分野のメニューや昼食補助、自社製品購入等の「会社生活」分野のメニューとして採用を検討するケースもあります。

　カフェテリアプランの定着は、一般にはポイントの消化率で測定されるため、導入している多くの事業主では、制度を浸透させるために消化率を高めようと取り組んでいます。

　しかし、カフェテリアプランに採用するメニューは、事業主としてコストをかけてまでも従業員に利用して欲しいメニューであり、それに合致しないメニューを導入してまで消化率を引き上げる必要はないとする事業主もいます。

(3) 最新トレンドのメニュー

新しいメニューをいくつか紹介します。

①確定拠出年金の従業員掛金補助メニュー

企業型年金において、マッチング拠出を導入することで、事業主掛金に加えて、税制で定める範囲内で加入者である従業員も掛金を追加拠出できます。

掛金補助メニューでは、加入者掛金額の範囲内でポイントを申請・消化でき、掛金額をポイントで補てんします。実質的に自己負担が少なくて掛金を拠出でき、結果として小規模企業共済等掛金控除という税制メリットを活かしつつ、従業員の財産形成を促すことにつながります（図表5－6）。

図表5－6　確定拠出年金の加入者掛金補助メニューの仕組み

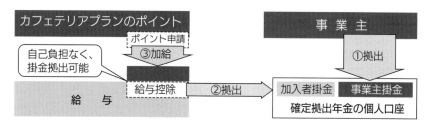

〈会社のメリット〉
・退職後準備に対する自助努力の支援
・カフェテリアプランメニューの多様化とポイントの消化促進

〈従業員のメリット〉
・退職後準備資金の積み増し
・自己負担を軽減しての拠出が可能
・給与控除された拠出額は所得控除の対象

出所：可児俊信「実践！福利厚生改革」日本法令

②家事代行補助メニュー

共働き世帯であっても、女性に家事の負担がかかりがちです。

家事代行サービスを利用することで、女性従業員の家事負担を軽減し、休日をリフレッシュの時間として使うことができ、女性活躍支援メニューとして位置付けることができます。家事代行は、自己負担が伴う場合、利用をためらうケースが多いですが、カフェテリアプランのメニューとすることで利用しやすくなります。

③語学修得補助メニュー

自己啓発メニューのひとつであり、英会話教室の授業料等を補助するメニューです。従来からある通学型の受講料補助メニューと同じですが、グローバル化に伴い、重要になる語学について、語学修得を支援する事業主の姿勢を明らかにするためには、自己啓発メニューから独立させるとより効果的です。

④海外赴任者メニュー

グローバル化の進展に伴い、海外赴任者も増えており、国内勤務者と比べて、ポイント消化において不利とならないよう海外赴任者専用のメニューを採用する事例もあります。最も多いのは、日本の食品や書籍・ＣＤを取り寄せるケータリング費用を補助するメニューです。その他には、国内に預けてある家財のトランクルーム費用、介護費用、留守宅の見守りサービス費用の補助もあります。

⑤募金メニュー

ポイントを寄付できるメニューです。申請したポイント額が募金額となります。従業員が募金先を指定できる運用および事業主が指定した募金先に寄付されるものとがあります。

同様にボランティア活動補助メニューもあります。ボランティア活動にかかった実費（交通費、材料費、通信費等）の範囲内で補助します。ポイント申請があった際にボランティア活動に該

当することを、事業主が個別に審査・判定する仕組みになっています。

5 事務運用の設計

(1) ポイントの申請

カフェテリアプランが導入されると、制度の事務運用も始まります。事務は月間のサイクルで運用されます。事務運用は、大きく分けて、①日々発生する従業員からのポイント消化申請の受付・ポイント処理、②給与支給のタイミングに合わせた消化額の加給・課税処理です。事務は外部委託されているのが大半です（図表5－7）。

図表5－7　カフェテリアプラン運用事務の月間サイクル例

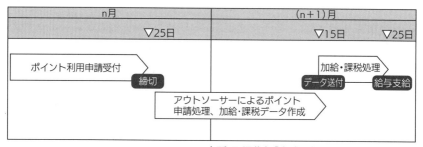

出所：可児俊信「実践！福利厚生改革」日本法令

カフェテリアプランの対象となっている従業員からのポイント消化申請は、書面またはウェブサイト上でアウトソーサーが受け付けます。利用したことを示す証憑（領収証等）が適正であること、記載されている使途がメニューの目的範囲内であることを確認します。所定の要件を満たすことで電子帳簿保存法の「電子取引」にあたります。よって、証憑類は電磁的に保存することが可能です。

メニューの範囲内となる利用使途は、限定列挙的に定めておきます。例えば、育児費用補助メニューでは、託児所やベビーシッターの費用は含みますが、ベビーカー等の育児用品まで含むかどうか、さらには幼児向けの教育教材まで含むかどうかは、当該メニューの設置趣旨を踏まえて制度スタート前までに決定し、内規化しておきます。

(2) ポイント履歴の管理

申請書と証憑が整っていれば、申請ポイント数と申請者の現時点での残ポイント数を確認し、残ポイント数が上回っていればポイント消化し、ポイント履歴を更新します。残ポイント数が申請ポイント数を下回っていても、残ポイント数の範囲内でポイントを消化するルールも可能です。

(3) 加給データ処理

申請は給与で加入するため月単位で締め切ります。それまでに到着した申請について、締切日直後に到来する給与支給日に申請したポイント消化額を加給します。加給した金額は、メニューによっては給与所得として所得税の課税対象となります。給与支給日前にアウトソーサーから従業員ごとの加給額・課税額のデータが届き、給与データに乗せします。課税メニューに消化されたポイント額は給与と合わせて源泉徴収されます。

6 制度の告知

(1) 説明会の開催

ポイント消化率を高める方策のひとつが、カフェテリアプラン制度

に関する従業員への告知活動とそれによる利用促進です。告知活動では、説明会が有効です。人事制度が新設・改訂されると、従業員に対して説明会が開催されますが、それと同じように開催します。カフェテリアプランは利用を促したい福利厚生であるため、説明会は開催すべきです。導入後も、新入社員が入社したタイミングや、メニューが追加されたタイミングなどを捉えて、何度も開催することが望まれます。また、説明会の模様をおさめた動画をイントラサイトに掲載したり、ＤＶＤで配付したりする事業主もあります。

(2) 「手引き」の配付

カフェテリアプランは、社内制度であり、利用規程は整備されますが、それとは別に、全従業員に「利用の手引き」を配付して利用につなげる工夫も一般的にみられます。カフェテリアプランは、目新しい制度であることから、説明会だけでは十分な理解が難しい場合もあります。各メニューの目的範囲も詳細にわたるため、手引きがあることで利用を促す効果があるだけでなく、福利厚生担当部署への照会が減る効果を期待できます。印刷物を削減している事業主では、PDF形式にしてイントラサイトに掲載します。

カフェテリアプランへの従業員の気付きを促すため、給与明細に現時点での残ポイントを表示してポイント消化を促したり、年に数回、全従業員に残ポイントやポイント消化履歴を記載した圧着式ハガキを送付したりする方法もあります。

(3) 従業員からの照会対応

カフェテリアプラン制度に対する利用従業員からの照会もあります。メニューの対象範囲の確認や要望、現時点での残ポイントの照

会等もあります。外部委託している場合は、福利厚生アウトソーサーがPCやスマホで制度に関する専用画面を提供したり、コールセンターで照会を受け付けたり等、福利厚生担当部署に照会事務が増えないようにしています。

7 制度の定期的な見直し

　従業員にカフェテリアプランの利用を促す最も効果的な方法は、メニューの定期的な見直しとその告知です。メニューの利用状況は、月次での把握が可能です。年度末に近付いた時点で、当年度の利用状況をみます。どのメニューが利用されているか、利用の少ないメニューはどれか、従業員の属性（性別、年齢層別、事業所別）からの分析で、より立体的な把握が可能となります。同時に、属性別のポイント消化状況も調べます。

　仮に、ポイント消化が低調な属性があれば、次年度からその属性に適したメニューを新設します。もし、20歳代従業員の消化が不十分であれば、自己啓発や語学習得補助メニューといったメニューを充実させます。育児支援メニューの利用をさらに促したいということであれば、育児支援メニューのポイントの単価を優遇し高く設定したり、育児支援に関連するメニュー数を増加させたりします。

　こうしたメニューの新設・改善を従業員に告知することで、メニューの利用が促進され、ポイントの消化状況も改善されます。

第6章
福利厚生アウトソーシング

■1 福利厚生アウトソーシング

1 福利厚生アウトソーシングの概要

(1) アウトソーシングの普及

　福利厚生は、「施設投資型福利厚生」から「従業員投資型福利厚生」に切り替わりました。それは同時に、「所有」から「利用」への切り替えにもつながりました。新しい福利厚生分野が重視されることになり、事業主はその分野の制度を自社が所有する形で整備するのではなく、外部の資源を利用して、整備の時間とマンパワーを省いてきました。これが福利厚生アウトソーシングです。

　アウトソーシングは、1990年代後半に米国から導入され、日本で普及しました。バブル崩壊による企業業績の悪化に伴う人事・総務のコストダウンの一環です。業務の選択と集中を行い、中核となるコア業務は自社の資源、非コア業務は外部の資源に委託しようとする経営手法です。システムインフラ部門だけでなく、人事・総務部門においても同様の動きが強まり、給与計算、経理業務、社宅の管理や福利厚生の提供まで、外部委託する傾向が強まりました。

(2) アウトソーシングとは

　アウトソーシングには、2つのタイプがあります。プッシュ・アウト型は、コア・コンピタンス（その企業の競争上の強みを持つ業務）以外の業務を外部委託します。得られる効果はコストダウンですが、コア業務に人材を集中投資できるというメリットがあります。バイ・イン型は、外部で提供されている各種サービスを利用して経営を強

化するもので、高い水準のサービスが得られます。

いずれのアウトソーシングにも、コストダウンとマンパワーのコア業務への集中、高水準のサービスの受益というメリットがあります。

アウトソーシングの受託者を、アウトソーサーといいます。アウトソーサーが受託した業務においてコストダウンが図れる理由として、スケールメリットがあります。アウトソーサーが提供するインフラを多くの委託者が共用すればコストダウンにつながります。さらに、アウトソーシングの際には委託者の業務を標準化します。それを外部委託することでアウトソーサーの業務は標準化され効率が上がり、スケールメリットが発揮されるというビジネス・プロセス・リエンジニアリング（BPR）です。

図表6－1は、戦略的アウトソーシングとして提唱されたもので、アウトソーシングと類似した業務委託を比較したものです。

業務を標準化せず、そのまま代行するのが、「外注・代行」です。これは、委託元との人件費の差でコストダウンを図ります。業務の

図表6－1　アウトソーシングの概念図

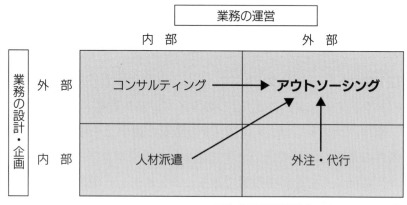

出所：花田光世「戦略的アウトソーシング」

標準化や適正化を提案するものの、業務の受託までは行わないのが
「コンサルティング」です。逆に、マンパワーを提供し、委託元の従業
員に代わって業務を代行するのが「人材派遣」です。

アウトソーシングは、業務の標準化を提案し、それによってコスト
を下げ、さらに業務自体を受託します。

2 アウトソーシングの3つのメリット

アウトソーシングは、「外部化」「大規模化」「専門化」を伴い、そ
れぞれがメリットを生みます。福利厚生のアウトソーシングにおい
ても同様のメリットがあります（図表6-2）。

(1) 外部化
自社内で福利厚生制度と運用を構築するのではなく、外部のサー

図表6-2　福利厚生アウトソーシングのメリット

外部化	・短期間での福利厚生充実 ・福利厚生運営コスト・事務負担の軽減 ・福利厚生担当者の事務引継ぎ不要 ・システムの開発・メンテナンス不要
大規模化	・福利厚生コンテンツの低価格化 ・福利厚生コンテンツの質の向上 ・従業員満足度の最大化
専門化	・福利厚生の制度企画力の向上 ・従業員に対する福利厚生レベルの向上

出所：可児俊信「福利厚生アウトソーシングの理論と活用」労務研究所

ビスを利用するため、福利厚生を短期間のうちに充実できます。また、福利厚生資源が社外にあるため、自社内での福利厚生事務を削減でき、担当者は負担が軽減されます。

福利厚生制度を運営するためのシステムの開発・維持・改修といった固定的な費用も不要となります。つまり、福利厚生費を削減できるだけでなく、変動費化できるのが、アウトソーシングのメリットです。

(2) 大規模化

アウトソーサーは、多くの委託元から福利厚生運営を受託します。委託元の従業員が多く利用するほど、スケールメリットが働きます。

サービスを提供しているプロバイダーに対する価格交渉力が強まり、福利厚生コンテンツの仕入れ料金を引き下げることができます。それによって委託元の従業員の利用料金も下がり、さらに利用が増えるという好循環が生まれます。プロバイダーも、利用実績の多いアウトソーサーにコンテンツ提供を集中することで、アウトソーサーは、よりサービス水準の高いプロバイダーとの提携が可能となり、さらなる利用の増加をもたらします。

このように、大規模化はコストの引下げにとどまらず、サービス水準の向上にもつながります。

(3) 専門化

福利厚生運営の受託が増えるにつれ、アウトソーサーは福利厚生運営の専門性を高めることができます。これが、委託元に対する福利厚生運営の一層の標準化やさらなるアウトソーシングニーズを引き出し、専門化を推進していきます。

- 142 -

3 福利厚生アウトソーシングの受託者

　福利厚生アウトソーシングの受託者には、多くの事業者があります。

　まず、福利厚生パッケージを提供する総合型のアウトソーサーがあります。社宅・寮を除くほとんどの福利厚生分野のコンテンツを提供しています。幅広く事業主の福利厚生運営に関わることから、福利厚生に対するノウハウ・実績が蓄積され、コンサルティング機能も有するようになっています。

　それに対して、特定の福利分野のみを提供する専業型アウトソーサーがあります。フィットネスクラブ、食堂運営、保養所管理、社宅・寮の管理、ライフプランセミナーの受託等、多くの分野でのアウトソーサーがあります。

　保険会社や共済も、福利厚生アウトソーサーと位置付けることができます。財産形成や保障の福利厚生分野において、保険金・共済金は資金面の裏付けとなっています。

　企業年金の受託は、退職金制度のアウトソーシングとみることもできます。

　総合型・専業型アウトソーサーおよび保険会社等は、委託元を限定することなく幅広く福利厚生アウトソーシングを受託しています。それに対して、ＳＳＣ（シェアードサービスカンパニー）は、専ら企業グループ内の福利厚生アウトソーシングを受託しています。

❷ 福利厚生パッケージ

1 福利厚生パッケージの契約

福利厚生パッケージは、総合型アウトソーサーによる福利厚生ア
ウトソーシングであり、福利厚生代行ともいい、以下の項目を満たす
ものをいいます。

(1) 目的
事業主に雇用されている従業員に、福利厚生を提供することを目
的としています。よって、原則として従業員の全員に加入資格が付
与されます。なお、全員加入とせず、正社員、契約社員、パート・ア
ルバイトといった雇用形態によって、加入資格を区分することもあ
ります。区分にあたっては、均等待遇・均衡待遇の法令を考慮しな
ければなりません。

加入した個々の従業員を個人会員（メンバー、構成員とも呼称）と
呼びます。個人会員には、それぞれにIDが付与され、IDを記した
会員証が配付され、個人会員はアウトソーサーからIDで認識され、
サービスを利用できます。

(2) 法人契約
事業主が、福利厚生パッケージを提供するアウトソーサーと法人
契約締結（または会員規約の承諾）をします。事業主が法人会員とな
ることで、その従業員である個人会員は福利厚生パッケージを利用
する権利を得ます。

利用契約の締結を入会と呼びます。これは、福利厚生パッケージを複数の法人会員で構成する会員組織とみなしているためです。

法人会員には事業主だけでなく、共済会・職員互助会・互助組合、健康保険組合等の保険者、労働組合、年金基金等もなることができます。その構成員は福利厚生パッケージを利用できます。

(3) 法人会員が負担する会費

利用契約に基づいて、法人会員が負担する入会維持費用を会費といいます。会費は月額制です。月単位での個人会員数の変動を会費額に反映させるためです。会費額は、個人会員数に会費単価を乗じて算定します。

法人会員は、月会費以外に入会時に入会金も負担します。初期の個人会員を設定したり、契約内容をシステム設定したりする費用に充当されるので、退会時に返金されるものではありません。

2　福利厚生パッケージの仕組み

福利厚生パッケージの仕組みは、図表6－3に示すとおりです。

図表6－3　福利厚生パッケージの仕組み例

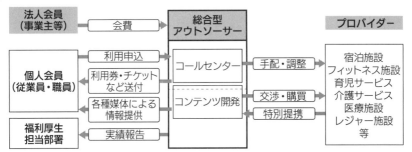

出所：可児俊信「福利厚生アウトソーシングの理論と活用」労務研究所

法人契約前の状況は次のとおりです。

事業主（福利厚生担当部署）が、福利厚生制度の新設・改廃、利用できる施設や提供業者の提携・拡充を行います。従業員に対しては、冊子やウェブサイトを通じて福利厚生制度の告知を行い、利用を促進します。従業員から利用申込みがあれば、施設やサービス提供業者に対して利用予約や利用手続きを行い、仲介機能も果たします。このように、担当部署は、①福利厚生制度の開発・拡充、②福利厚生制度の告知、③利用申込みの取次ぎを行っていました。

総合型アウトソーサーとの法人契約後は、次の役割を委託できます。

(1) 福利厚生コンテンツの開発・拡充

総合型アウトソーサーは、福利厚生コンテンツの新規開発および拡充を行います。宿泊施設やフィットネスクラブ等との提携によってコンテンツを構成します。提携する企業・施設を、プロバイダー、サプライヤー、パートナー等といいます。提携ではなく、アウトソーサーが宿泊枠やコンテンツ数を買い取ることもあります。総合型アウトソーサーが、自社開発したオリジナルなコンテンツも増えています。

提供される福利厚生分野は、図表6－4に示すように、社宅・寮を除くほとんどの分野に及びます。

コンテンツ数は、合計して数10万〜100万以上にのぼります。福利厚生パッケージが普及し始めた1990年代の後半から2000年代の前半は、宿泊分野が主体でした。企業・健康保険組合がコストダウンを目的に、保有する保養所を閉鎖・売却し（図表6－5）、その代替として、福利厚生パッケージが導入されました。

健康保険組合の保養所は、一か所あたりの年間支出超過額が当時

図表6－4　福利厚生パッケージがカバーする福利厚生の分野例

宿泊・旅行
宿泊施設、リゾートホテル、シティホテル、ビジネスホテル、旅館、ペンション、公共宿泊施設、海外ホテル、パッケージツアー

疾病予防・健康増進
人間ドック、健康管理プログラム、健診、PET健診、メンタルヘルス、健康食品、アンチエイジング

育児・介護支援
ベビーシッター、育児施設、育児用品、レンタル、在宅介護サービス、介護施設、介護用品、育児・介護情報

自己啓発
資格取得、自己啓発、語学習得、カルチャースクールの講座（いずれも通学、eラーニング）、書籍・雑誌

スポーツ
フィットネスクラブ、ゴルフ、アウトドア、マリンスポーツ、テニス、スポーツ観戦、スポーツ用品

財産形成
ファイナンシャルプランニング相談、ライフプランセミナー、投資教育、保険・投資信託、ローン

余暇
リラクゼーション（マッサージ、エステ、SPA）、エンタテイメント・レジャー施設（映画・演劇）、クルージング、文化施設

生活支援
引越、レンタカー、食券、家事代行、グルメ、冠婚葬祭、ギフト、総合生活相談

出所：可児俊信「福利厚生アウトソーシングの理論と活用」労務研究所

図表6－5　健保組合が保有する保養所数の推移

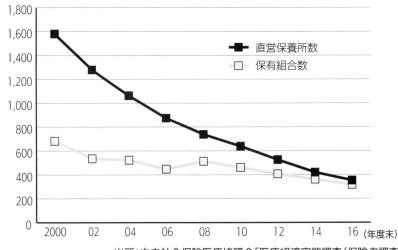

出所：中央社会保険医療協議会「医療経済実態調査（保険者調査）」

の金額で平均2,903万円（中央社会保険医療協議会「医療経済実態調査」（2008年）です。一方、福利厚生パッケージの会費は、採用するコースによっても異なりますが、個人会員一人あたり年間で4,000円前後です。

　例えば、5,000名の被保険者を抱える健康保険組合であれば、年間会費総額は2,000万円にとどまり、903万円のコストダウンとなります。また、保養所は、箱根・軽井沢・伊豆等の関東近郊に立地していることが多く、地方勤務者には利用しづらく、不公平感があります。福利厚生パッケージの導入によって、コストダウンと福利厚生の格差是正が同時に実現できます。

　2004年頃から、「施設投資型福利厚生」から「従業員投資型福利厚生」に変わり始め、ワーク・ライフバランス支援、ヘルスケア支援、ライフプラン支援といった福利厚生分野が重視され、福利厚生パッケージによってそれらの分野の充実が図れるようになりました。よって、育児サービス、介護サービス、人間ドック等の疾病予防サービス、フィットネスクラブ等の健康増進サービス、自己啓発、レジャー、日用品購買まで提供される分野が拡大しています。

(2) 福利厚生サービスの告知

　福利厚生パッケージの利用を促進するため、アウトソーサーは個人会員に、サービス内容を告知します。告知媒体は、年1回の頻度で発行される「ガイドブック」と呼ばれる紙媒体でのサービス紹介カタログが基本です。紙媒体としては、会報誌もあります。時季に応じた福利厚生サービスを紹介するものです。

　紙媒体は、コンテンツ数が年々増えているため、ページ数が増え検索性に欠けるきらいがあり、検索性と一覧性を両立させるものとし

て、個人会員向けのウェブサイトが用意されています。ウェブサイトでは、ガイドブックや会報誌と同じものを閲覧できます。

ウェブサイトがガイドブックより優れている点は、検索性です。利用したいサービスを、内容、地域、料金等の条件で絞り込むことができ、ＰＣだけでなく、携帯電話のサイトからも利用できるため、利便性も高いです。ウェブサイトの弱点は、プル型、つまり積極的に閲覧する個人会員にしか告知できない点です。そのため、アウトソーサーは、プッシュ型の告知として、個人会員の携帯メールや、ＰＣメールを経由した情報発信を強化しています。

一方、紙媒体の優点は、ウェブサイトを利用しない個人会員およびその家族に有効であることです。また、勤務先が福利厚生パッケージを提供していることをガイドブックという形で具体的に示すことができるため、家族に対する福利厚生のアピールとなります。

個人会員に福利厚生パッケージを利用させるには、アウトソーサーだけでなく、福利厚生部署による告知も欠かせません。導入時の説明会は、以下の手続きで実施するのが望ましいです。

① 福利厚生パッケージ導入時は、アウトソーサーと共同で主要事業所で説明会を行う。

② 説明会では、福利厚生担当部署がサービス導入の趣旨について説明し、アウトソーサーが福利厚生パッケージの使い方やコンテンツについて説明する。

③ 交代制の事業所では、複数回説明会を開催する。

④ 説明会は毎年新入社員が入社する都度開催する。

導入後は、社内報や労働組合発行の機関紙・誌に告知するページを設けることが多くあります。また、イントラサイトに福利厚生のページを設けて、そこにＰＤＦ等の画像を貼り付ける方法もありま

す。導入後は費用対効果を高めるべく、福利厚生担当部署とアウト
ソーサーは協力・連携して、利用を促す告知施策を実施します。

(3) サービス利用申込みの取次ぎ

①申込み経路

　　個人会員が利用する際の利用申込み経路は、①アウトソー
サーのコールセンターへの電話、②アウトソーサーが提供する
ウェブサイト、携帯サイトやメール、③コンビニ等に設置されて
いる情報端末、④サービスを提供するプロバイダーへの直接申
込み等に分けられます。

②コールセンターでの申込み

　　このうち、電話とウェブサイトが利用申込み経路の大部分を
占めます。以前は電話がほとんどでしたが、ウェブサイトへのア
クセス（申込み以外に問合わせなども含む）の割合が年々増えて
います。電話は、オペレーターを通じて詳細まで説明を受けら
れます。特に、宿泊申込みでは、周辺施設との比較や、宿泊場所
の変更等、旅行コンシェルジュ的な機能を期待できます。コー
ルセンターの接続時間帯は、アウトソーサーによって異なりま
すが、平日では朝10時から夜の9時までが多く、所定勤務時間
後でも利用できます。

　　コールセンターの品質評価項目に、応答率（個人会員からの
電話がコールセンターオペレータにつながる割合）があります。
応答率が高いほど電話がつながりやすく、個人会員の満足度が
上がりやすいため、福利厚生パッケージでは応答率が重視され
ています。

　　ただし、コールセンターは、季節や曜日、時間帯等によって入

電数が増減するため、それを予測して最適なオペレーター数を配置しますが、朝、昼休み、夕方といった繁忙な時間帯は応答率が低下することがあります。

③ウェブサイトでの申込み

ウェブサイトは、時間帯に関係なく申し込めます。ウェブサイトに掲載されている情報だけで内容が理解できれば、電話より煩わしさが少なく便利です。電話よりもウェブサイトの方が、申込みの時間帯が限られない、受け付けた申込み内容に関する不備・ミスが少ない等の理由で、福利厚生パッケージでは、ウェブサイト経由の申込みを増やすために、その使い勝手の改良・改善に投資しています。

一方で、複雑なコンテンツやホスピタリティを求められるサービスについては、スキルをさらに引き上げて、引き続きオペレーターが電話で対応することになります。

サービス利用は、事前申込みが原則ですが、事前申込みが不要で、利用時点で会員証を提示するだけで利用できるものもあります。飲食店やレジャー施設、フィットネスクラブ等です。個人会員にとって手軽に利用でき、利用の促進につながります。

3 福利厚生パッケージのメリット

(1)外部化によるメリット

福利厚生運営が外部化されることで、事業主の福利厚生業務量が軽減されます。逆に、福利厚生パッケージを導入することで、新たに発生する業務は僅かです。具体的には、以下のとおりです。

− 151 −

①従業員の異動の通知

委託元の福利厚生担当部署は、個人会員となる従業員の対象者リストを、導入時および定期的にアウトソーサーに通知します。新規入社があれば追加され、退社すれば削除されます。アウトソーサーが提供するウェブサイトに対して異動者リストのデータをアップロードするだけで送れる仕組みとなっており、メール送信や記憶媒体によるデータ授受に比べて、簡単かつ高いセキュリティ水準での通知が可能です。このリストをもとに、新たな個人会員には会員証が発行され、ガイドブックや会報誌も送付されます。

この定期的な異動リストの通知は、福利厚生担当部署の事務です。

②告知媒体の配付

事業主は、ガイドブックや会報誌等の告知媒体を、個人会員である従業員に配付する事務があります。

しかし、従業員規模が大きくなるほど、手間となります。この作業手間を軽減する方法として、ガイドブックや会報誌を委託元の本社・本部ではなく、各事業所に直接、配付することができます。個人会員の自宅に直送することもできます。

告知媒体を一切、配付しないことも可能です。しかし、ウェブサイトや携帯電話等でしかサービス検索する機会がなくなるため、配付する場合より利用は減少します。

③利用実績の報告

事業主は、福利厚生パッケージの利用実績について定期的に報告を受けます。福利厚生カテゴリー別、従業員の性・所属・年代等の属性別に報告を受けることもできます。福利厚生アウ

— 152 —

トソーシングが適正に運用されていることをチェックするのが、福利厚生担当部署の主たる事務となります。

　利用頻度は、福利厚生パッケージ契約自体の費用対効果にかかわります。利用を引き上げるには、先に述べた告知媒体の配付の他、アウトソーサーと連携したコンテンツのイントラサイトの掲示等や説明会の開催が有効です。

(2) 大規模化によるメリット

　福利厚生パッケージのメリットとしてスケールメリットが挙げられます。個人でサービスを利用するよりも、従業員全員でサービスを利用する方が、利用料金が割安となります。福利厚生パッケージでは、複数の委託元が利用するため、個人会員数が数百万名規模となり、ひとつの企業・団体規模をはるかに上回るスケールメリットを享受できます。

(3) 専門化によるメリット

　福利厚生は従業員向けのサービスであることから、利用するサービス自体の質の高さだけでなく、利用を申し込む際の利便性や告知媒体の見やすさ等、総合的な使い勝手の良さが求められます。専門業者は、サービス提供による利用者の満足度を高めることに努めています。

　また、総合型アウトソーサーに、福利厚生パッケージの提供のみならず、福利厚生制度全体について情報提供や助言、さらには福利厚生業務の代行等のアウトソーシングサービスを求めることも可能です。福利厚生アウトソーシング導入時にアウトソーサー側に福利厚生見直し策や、従業員代表や労働組合への制度説明、社内合意の獲

得方法等のノウハウが蓄積されています。総合型アウトソーサーが提供する福利厚生アウトソーシングサービスの範囲と内容を図表6－6に示します。

図表6－6　総合型アウトソーサーが提供する福利厚生アウトソーシングサービス例

健保組合向け	健診予約、ドック精算、健診データ管理、保健指導の代行
	保養所借上げ・運営受託による収支改善
福利厚生事務	持ち株会・財形貯蓄事務の代行
	慶弔給付事務の代行
人事関連	研修、人事評価、給与計算の代行
	インセンティブ制度の運営
主力サービス	カフェテリアプランの運営管理受託
	福利厚生パッケージ

注：アウトソーサーによっては、提供していないサービスもある。

出所：可児俊信「福利厚生アウトソーシングの理論と活用」労務研究所

4　福利厚生パッケージのデメリット

　福利厚生パッケージの商品内容は、アウトソーサーごとにほぼ同じです。福利厚生パッケージの導入によって、委託元は他の同業社と部分的に同じ福利厚生を実施していることになります。本来、福利厚生は、各企業・団体の事業内容や従業員属性に即して制度運営され、各社ごとに異なるはずですが、福利厚生パッケージの利用によって他社と同じになるなら、魅力を感じないとする声もあります。

　福利厚生は、企業・団体の発展の歴史、労使の考え方、事業内容等によって異なるのは当然ですが、福利厚生のなかには、同じであっ

－ 154 －

ても支障のないものもあります。

　余暇・レジャー、宿泊施設、スポーツ施設、慶弔給付制度等は、業種や事業内容によって異ならなければならない必然性が薄い分野です。福利厚生パッケージには、このようなカテゴリーに属するパッケージコンテンツが多く含まれています。

　また、自社の特色を持たせたい場合は、福利厚生パッケージは共通でも、利用料金に補助金を入れたり、カフェテリアプランと併用して利用補助の仕組みやポイントが付与できる分野を入れることで、自社・自団体に適した制度とすることも可能です。

5　福利厚生パッケージの普及

　2018年4月時点での労務研究所の集計によれば、福利厚生パッケージを契約している法人会員（企業・団体）数は約25,000近くに、利用している個人会員数（従業員・職員数）は2,500万名近くにのぼっています（図表6－7）。

　法人会員数は、2000年代前半の好景気期に伸びた後、リーマンショックや東日本大震災のあった2000年代後半には足踏み状態となりましたが、アベノミクス以降の好景気で再び増加に転じています。福利厚生パッケージは、コストダウンを目的として導入が進んだものの、その後は、人材の確保や定着を目的とする福利厚生待遇の改善手段として導入が進んでいることを表しています。

　一方で、加入者数は一貫して伸びています。2000年代後半に法人会員数の純増が伸び悩んだ理由は、中堅・中小団体において新規導入の停滞・既存導入団体の解約があったものの、官公庁を含む大規模団体においては引続き導入が進んでいたことを示しています。1団

図表6-7　福利厚生パッケージの普及の推移

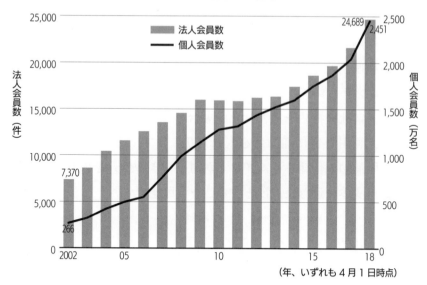

出所：労務研究所「旬刊福利厚生」掲載の各アウトソーサーが公表した数値をもとに、著者作成

体あたりの平均加入者数は2002年では361名でしたが、2018年では993名となり、導入団体の大規模化が進んでいます。2014年以降は、団体数・加入者数とも並行して伸びており、中堅・中小団体での導入が盛んになったことが分かります。

第6章　福利厚生アウトソーシング

3 専業型アウトソーサーの提供サービス

専業型アウトソーサーが提供する主な事業分野は、以下のとおりです。

1 ライフプランセミナー

1980年代から普及し始めた退職準備セミナーは、1990年代初めから、生涯総合福祉推進の一環として、受講対象年齢の引下げとともに、経済面のプランづくりだけでなく、生きがい、健康づくり、キャリア開発も含めたライフプランセミナーへと拡大していきました。

セミナー内容および受講者層の多様化に伴い、講師人材は外部に求められるようになり、カリキュラムの開発も含めて、アウトソーサーに委託されるようになりました。

2018年に確定拠出年金の継続投資教育が努力義務とされたことに伴い、さらにアウトソーサーへのニーズが高まっています。

2 フィットネスクラブ

事業主や健康保険組合において、従業員の体力づくり・健康増進を目的にフィットネスの奨励が進んでいます。背景には、「健康経営」の推進があります。自前で新たに施設を建設することが困難であることから、フィットネスクラブに法人契約として入会し、従業員に割安な料金で利用させる形となっています。

— 157 —

3 保養所管理

　専門会社への保養所管理の委託は、従前の社員管理人の人件費の削減だけでなく、食事内容や接客を含むサービス水準の改善と利用者の満足度の向上、さらには運営経費の合理化等を期待できます。

4 社宅管理

　社有社宅が減少し、借上社宅が増加しています。借上社宅には、入居者の条件に合った物件の確保、貸主との賃貸借契約の締結・管理、家賃の支払い、退去時の精算等、社有社宅にはない煩雑で専門性の高い事務があります。

　社有社宅では、不動産の維持管理が主な業務でしたが、借上社宅では、物件の確保や家主との交渉業務が発生します。このことがアウトソーシングが進んだ背景となっています。

5 会員制リゾートクラブ

　リゾート施設の会員権は、富裕層や退職者層等を対象として、実利用と投資を兼ねて販売されてきました。1990年代後半から保養所の閉鎖・売却が進んだ際に、その代替として、企業・健康保険組合が会員制のリゾートクラブの法人会員となり、従業員が会員料金で利用する方式が広まりました。

6 職場給食

　福利厚生アウトソーシングのなかでも、もっとも早くから導入が進んだのが、職場給食です。企業・団体が自前または自社子会社で直接調理する場合に比べて、スケールメリットによる食材料費の軽減等が期待できます。

4 生命・損害保険会社、共済制度

　退職金制度は、重要な企業福祉です。それを企業年金という形で受託している金融機関のひとつが生命保険会社です。企業年金は、掛金を外部の企業年金受託機関に積み立て、受託機関が年金財政も管理します。その意味で、生命保険会社は退職金制度のアウトソーサーといえます。

　また、生命保険会社、損害保険会社、共済が提供する各種の保障は、福利厚生を支援するサービスとなっています。

1　福利厚生制度の資金準備手段

　事業主は、従業員等に死亡退職金、死亡弔慰金、慶弔金を給付します。共済会、職員互助会・互助組合でも、会員に死亡弔慰金や休業補償を給付することがあります。

　そうした給付を、事業主や共済会等が直接給付するのではなく、死亡保険金・死亡共済金を原資に、金融機関等から給付することもできます。

　死亡退職金や死亡弔慰金は、生命保険会社の総合福祉団体定期保険や共済の団体生命共済との契約により、死亡が発生すれば、死亡保険金・共済金が死亡退職金・弔慰金の一部となり、その分、事業主等の資金負担が軽減します。

(1) 保険・共済を活用するメリット

　期中に死亡が想定外に多く発生すると、給付額が膨らみます。団

－ 160 －

体保険等を活用すれば、支出は保険料・掛金の範囲にとどまり、支出額が確定します。よって、想定外の死亡弔慰金の発生によって給付する原資が不足する場合には、団体保険等が有効です。

(2) 保険・共済を活用するデメリット

死亡の発生件数が少なかった場合でも、所定の保険料・掛金は発生します（配当金が還元され、実質負担は軽減します）。また、団体保険加入時には、従業員本人の同意を取り付ける事務が発生します。健康状態によっては団体保険に加入できない従業員が発生する懸念もあります。

2 従業員の自助努力手段

従業員の生活保障は、国が社会保険等によって担う他、事業主も上乗せの保障を提供します。例えば、老後の生活保障に対しては、厚生年金保険があり、退職一時金・企業年金があります。医療費の保障に対しては、健康保険があり、健康保険組合や共済組合からの付加給付もあります。しかし、これだけでは不十分か、さらなる保障を望む場合に、従業員は自助努力で保険・共済に加入します。

その際、市中の保険・共済に従業員が個人で加入するのではなく、事業主・共済会等が保険会社・共済と提携して、より割安で利便性の高い団体扱いの保険・共済を提供できます。

代表的な死亡保険に、Bグループ保険があります。従業員拠出型企業年金によって、従業員が給与控除で掛金を拠出し、老後の年金を積立てる方法もあります。

団体医療保険、GLTDは、医療保障、休業補償を目的としていま

－ 161 －

すが、掛金は事業主と従業員のいずれもが拠出することができます。

GLTD（団体長期所得補償保険）　事業主と損害保険会社が契約する損害保険契約。被保険者である従業員が傷病で休業して給与が支給されない場合に、所得を補償する保険金を給付する。補償割合と保険期間は多様な設計ができる。保険料は、事業主または任意加入した従業員が負担する。

5 SSC

1 SSC（シェアードサービスセンター）の種類

　SSC（シェアードサービスセンターまたはシェアードサービスカンパニー）は、企業グループ各社の、給与計算・総務・人事・福利厚生のオペレーションを受託する部門です。中核企業内の一部署として設置されていれば、シェアードサービスセンター、法人として独立し、企業グループ内の一社であれば、シェアードサービスカンパニーです。

　人事総務事務のオペレーションのみを受託するSSCが大部分ですが、人事・総務の企画機能も併せ持つSSCもあります。さらに、企業グループの人事部として機能するSSCもあります。

　ここでは、SSCの機能のうち、福利厚生関連の業務を中核会社またはグループ会社から受託する機能に着目して、目的、内容をみることにします。

2 SSCの設置目的

　SSCは、1990年代の後半のバブル崩壊後にコスト軽減策として普及しました。目的は、グループ内のコスト低減とマンパワーの削減です。グループ内各社の人事・総務事務を一か所で行うことで、各社がそれぞれに行うよりも事務が効率化され、コスト低減が可能となることと、要員を効率的に配置できることによるマンパワーの削減が可能となります。

－ 163 －

グループ外からの人事・総務業務を受託する SSC もあります。目的は、事務代行事業としてグループの収益増に貢献することもありますが、外部収益を得ることで、グループ内からの受注料金を引き下げ、グループ全体の利益増に貢献することも期待されています。

その後、景気が回復してからは、人材を本業に集中させたいということから、人事・総務業務の要員を集中させることで、本業に投入できるマンパワーを確保することが重視されています。SSC の目的は、コスト削減から要員の効率化に移っています。また、福利厚生は従業員の満足度を高める役割を持つことから、要員を集中して専門性を高め、サービス水準を向上させることも期待されています。

3 福利厚生関連 SSC

福利厚生関連の SSC は、グループ内に存在する保険代理業務を行う子会社、旅行代理業務の子会社、社宅・保養所・業務物件の管財機能を持つ不動産管理の子会社を母体として、福利厚生業務をグループ各社から移管して SSC とする例が多くあります。

実施する業務としては、社宅の管理、保険代理業務、保養所の管理業務、福利厚生制度の受付と予約手配、リゾート施設、フィットネスクラブ、福利厚生パッケージ等の各種法人契約の窓口、ライフプランセミナーの実施等があります。

これをさらに発展させると、第8章で示す総合福祉センターの中心機能を果たすことができます。

第 7 章
職域・団体等による福利厚生

1 健康保険組合

1 保険者の種類と事業

(1) 保険者の種類

　公的医療保険制度は、民間サラリーマンは健康保険、公務員および私立学校教職員は共済組合、自営業者等の非雇用者は国民健康保険、後期高齢者は後期高齢者医療制度に分かれています。健康保険は、健康保険組合および全国健康保険協会（協会けんぽ）が担っています。

　健康保険組合は、設立形態によって、単独設立と共同設立に分かれます。（図表7－1）。

　協会けんぽは、健康保険組合を設立または健康保険組合に加入していない事業主を対象に、都道府県を財政単位として運営されています。

図表7－1　健康保険組合の設立形態による分類

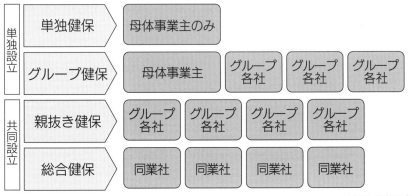

出所：筆者作成

単独設立・共同設立　単独設立は、中核となる大企業に設立された健康保険組合。大企業が自社の従業員のみまたはグループ会社の従業員も含めて設立。

共同設立　業界団体等が設立するもので、加盟している中小企業が加入している。企業グループのうち中核企業抜きで設立されることもある。

(2) 健康保険組合の事業

　健康保険組合の事業には、給付事業、保健・福祉事業（図表7－2）があります。給付事業は、被保険者および被扶養者の医療費を賄う事業です。

　給付事業には、健康保険法で定められた法定給付とそれを上回る付加給付があります。

　法定給付は、健康保険法で定められた給付です。被保険者の傷病等に対する本人給付と、被扶養者の傷病等に対する家族給付があります（図表7－3）。

　傷病手当金を除く傷病給付は、医療を給付するものです。健康保険からの給付は原則として医療費の7割で、3割は自己負担です。傷病手当金は、労働災害以外の傷病で休業した際の所得補償給付です。

　分娩給付は、本来、出産は傷病ではありませんが、出産費用と産休

図表7－2　健康保険組合の事業

給付事業	保健・福祉事業
法定給付	保健事業
付加給付	福祉事業

出所：筆者作成

－ 168 －

第7章　職域・団体等による福利厚生

図表7－3　健康保険の法定給付

	本人給付	家族給付
傷病給付	療養の給付	家族療養費
	入院時食事療養費	
	入院時生活療養費	
	保険外併用療養費	
	療養費	
	高額療養費、高額介護合算療養費	
	訪問看護療養費	家族訪問看護療養費
	移送費	家族移送費
	傷病手当金	－
分娩給付	出産育児一時金	家族出産育児一時金
	出産手当金	－
死亡給付	埋葬料（または埋葬費）	家族埋葬料

出所：筆者作成

時の所得補償を給付します。死亡給付は、被保険者および被扶養者の死亡時の費用の給付です。

2　付加給付

（1）付加給付の種類

　付加給付による被保険者の医療費負担の軽減は、単独設立の健康保険組合であれば、従業員に対する福利厚生と同様の効果があります。健康保険組合の被保険者は企業グループの従業員だからです。共同設立であれば、未加入の事業主の加入意欲の増進につながる魅力付けとなります。なお、付加給付の名称は、健康保険組合によって異なることがあります。

　付加給付の種類は多く、まず医療費の自己負担分を軽減する付加

－ 169 －

金があります。原則3割となっている自己負担を軽減するものとして、一部負担還元金があります。被扶養者の医療費に対する付加給付は家族療養付加金といいます。これは、自己負担額を月額で一定額以内に抑えるため、それを超える自己負担額を給付するものです。その他に、訪問看護療養付加金、家族訪問看護療養付加金があります。

傷病手当金の上乗せとして、傷病手当金付加金、延長傷病手当金付加金があります（図表7－4）。

図表7－4　付加給付の例

■ **傷病手当金付加金、延長傷病手当金付加金の例**
- 休業1日につき、算出基礎となる日額の85％から傷病手当金の3分の2相当額を差し引いた額が「傷病手当金付加金」としてさらに支給される。
- 休業1日につき、算出基礎となる日額の25％相当額を、傷病手当金支給期間終了後に最長で6ヵ月支給する。

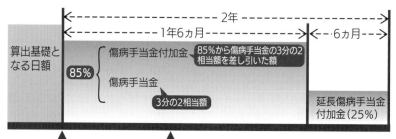

■ **出産手当金付加金**
- 休業1日につき、算出基礎となる日額の85％から出産手当金の3分の2相当額を差し引いた額を出産手当金付加金として給付。「出産手当金」と合計すると、仕事に就かなかった日1日につき、算出基礎となる日額の85％相当額になる。

出所：健康保険組合のHP掲載から筆者作成

傷病手当金の給付率に上乗せすることで、所得補償率が高まります。傷病手当金の給付期間は最長で1年半ですが、それを超える期間を給付するのが延長傷病手当金付加金です。

　出産手当金付加金は、産休時の所得補償を出産手当金を超えて給付するものです。出産育児付加金、家族出産育児付加金があり、それぞれ、法定の出産育児一時金、家族出産育児一時金に上乗せするものです。出産費用の負担軽減につながります。

　死亡時に、法定の埋葬料、家族埋葬料の付加給付として、それぞれ、5万円の埋葬料付加金、家族埋葬料付加金があります。

付加給付　保険者の任意で法定給付に上乗せする給付。例えば、保険医療費の原則7割を法定給付として保険者が負担すると被保険者の負担は3割。3割のうちさらに1割を付加給付すれば、被保険者の負担は2割に軽減される。

---

(2) 付加給付の目的

　医療費の自己負担を軽減する付加給付の目的は、傷病時や傷病が疑われた際の早期受診を促すことで、重症化の予防につなげ、医療費を抑え、アブセンティーズムを減らすことにあります。単独設立の健康保険の場合は、勤務先に対する福利厚生の満足度の向上につながると考えられます。

　傷病手当金に対する付加給付は、休業により生活費に不安を持つことなく安心して治療に専念してもらうことを目的としています。出産関連の付加給付も、同じく安心して出産を迎えてもらうことにあります。事業主にとっては、従業員の勤務先に対する安心感や信頼感を醸成する効果を期待できます。

(3) 付加給付の実施割合と給付水準

　健康保険組合の付加給付ごとの実施割合および給付水準は、2013年4月時点で、健康保険組合連合会が調査しています。

　それによると、実施割合は、一部負担還元金は72％、家族療養付加金は70％、合算高額療養費付加金は68％となっています。

　傷病手当金付加金は図表7－5のとおり36.5％、延長傷病手当金付加金は16.5％と、やや低めです。

　出産育児一時金付加金は52％、出産手当金付加金は12％、埋葬料付加金は62％、訪問看護療養付加金は49％です。

　付加給付は、被保険者の満足度を高めるという福利厚生と同等の効果がある一方で、付加給付負担の増大は、健康保険組合財政に影響を及ぼしかねません。さらに、一部負担還元金は医療機関への不必要な受診を促進し、医療費を増大させるという見方もあります。よって、厚生労働省は、「健康保険組合の事業運営について」という運営基準を設けています。このなかに、一部負担還元金の付加給付では25,000円までの自己負担を求めるという基準が示されています。

　健康保険組合の財源のうち、法定給付と高齢者への医療費支援を除いた後の財源は多くありません。それを、疾病予防を最終目的と

図表7－5　傷病手当金関連の付加給付の実施率と給付水準

傷病手当金付加金

給付率	健保数	割合
1割以下	144	10.1%
1割超1.5割以下	98	6.9%
1.5割超2割以下	133	9.4%
2割超	21	1.5%
その他	122	8.6%
付加給付なし	902	63.5%
合計	1,420	100.0%

延長傷病手当金付加金

支給期間	健保数	割合
6か月以下	94	6.6%
6か月超1年以下	40	2.8%
1年超1年6か月以下	47	3.3%
その他	53	3.7%
付加給付なし	1,186	83.5%
合計	1,420	100.0%

出所：健康保険組合連合会「付加給付便覧」（2013年4月1日時点）

第7章　職域・団体等による福利厚生

する保健事業に充当するか、従業員満足度の向上につながる付加給付に充当するかは、健康保険組合や事業主の考え方によります。

3　健康保険料の労使負担割合

社会保険料のうち、健康保険組合の健康保険料のみが労使の負担割合を規約で定め、事業主負担を半分超とすることができます（健康保険法第162条）。被保険者である従業員からみれば、本来の負担額が軽減されますから、満足度の向上につながり、事業主にとっては、福利厚生としての目的を達することができます。健康保険組合の58%が、事業主の負担割合を高くしています（2018年4月時点で健康保険組合のHPで保険料率が閲覧可能な711の健康保険組合を調査対象とした）。

なお、協会けんぽは折半負担、任意継続被保険者は全額自己負担です。

4　保健事業・福祉事業

健康保険組合の保健事業によって、医療給付費の抑制だけでなく、従業員である被保険者の疾病予防・健康増進を図り、アブセンティーズム・プレゼンティーズムを減らし、労働生産性の向上に資することができます。

保健事業については、厚生労働省が運営基準を提示しています（図表7－6）。

健康診査とは、保険者に義務付けられている特定健康診査、特定保健指導を指し、メタボ健診、メタボ保健指導と通称されているもの

－ 173 －

図表7-6　保健・福祉事業の例示

保健事業	健康教育	健康の自己管理・増進についての健康教育、健康手帳の配布、保健衛生に関する指導、心の健康作り
	健康相談	保健師等による健康相談、健康に関する実態把握とそれに基づく相談、助言 加入者の健康状態・入院等の状況の把握およびそれに基づく保健師等の相談・助言
	健康診査	健康診査、健康診査後の個人別健康管理台帳の作成・データ管理、 保健師等による健康診査後の保健指導、疾病予防
	体力・健康づくり	健康体操、トリム運動、体力測定・各種スポーツ、レクによる体力作り 健康増進施設における有酸素運動、温泉等による健康増進事業
	固定施設	保養所、体育館・運動場、健康増進施設、健康管理センター、保健会館、山の家、海の家
	一般広報	医療保険制度の仕組み、組合の事業計画、財政状況等についての機関誌やパンフ等による一般広報
福祉事業（抜粋）		在宅介護療養のための機器・用品の支給、貸与 在宅療養のための環境整備のための貸付事業 出産育児一時金の受取り代理、出産費貸付

出所：2007年2月「健康保険組合事業運営基準」（厚生労働省保険局）

です。固定施設事業は、保養所、体育館・運動場、健康増進施設、健康管理センター、保健会館、山の家、海の家となっています。目的は、心身のリフレッシュや健康増進と考えられます。事業主の福利厚生でも、宿泊施設やスポーツ施設の保有・提携利用が実施されています。従業員にとっては、違いはありません。

　福祉事業は、例示されている在宅介護療養のための機器・用品の支給、貸与、在宅環境整備のための貸付事業です。出産費貸付は、事業主の福利厚生としても実施可能なものです。

　このように、健康保険組合の保健・福祉事業は、従業員にとっては事業主の福利厚生と一見変わりないものです。

> **保健・福祉事業** 保健事業は、健康保険法第150条に規定され、特定健康
> 診査（メタボ検診）および特定保健指導（メタボ保健指導）が義務付けられて
> いる他、健康教育、健康相談および健康診査ならびに健康管理、疾病予防が
> 努力義務であり、加入者を支援し、健康の保持増進のために行われている。
> 福祉事業は、健康保険法第150条で実施が可能とされる加入者への療養費
> 用や用具の貸付または被保険者等の出産費用の資金貸付等の事業をいう。

5　健康保険組合の設立

　健康保険組合数は、企業の合併等により減少していますが、一方
で、協会けんぽや総合健保に加入していた事業主が、単独設立で健
康保険組合を新設する例もあります。

(1) 設立のメリット

　協会けんぽや共同設立の健康保険組合に加入している事業所が、
健康保険組合を単独設立するメリットを、図表7－7に掲げます。

図表7－7　健康保険組合を単独設立するメリット

> **1 現行と比べ保険料率の低下が期待できる**
> 　現在加入している保険者と比べて、報酬水準が高く、平均年齢が低い場合は、
> 保険料率が引き下がる可能性がある。事業主の法定福利費負担が軽減される。
> **2 従業員にもっとも適した保健事業を展開できる**
> 　従業員の疾病予防・健康増進を、一層推進するための保健事業が可能になる。
> **3 採用・人材確保に有利**
> 　自社の健康保険組合を持つことは、従業員の疾病予防・健康増進の積極化で
> あり、人材採用に有利。
> **4 福利厚生費の軽減が可能**
> 　事業主が実施している福利厚生のうち、保健・福祉事業に該当するものを健
> 康保険組合が担うことで、福利厚生費の負担が軽減される。

(2) 保険料率低下のメリット

1つ目のメリットは、保険料率が引き下げられ、健康保険料の負担を軽減できる可能性があることです。被保険者である従業員の社会保険料負担や事業主の法定福利費負担も軽減され、広義の人件費負担が軽減します。保険料率が引き下げられる理由は2つあります。ひとつは、現加入の保険より、自社被保険者平均の方が、少ない場合です。もうひとつは、現加入の保険より自社被保険者の方が、被保険者1人あたりの標準報酬月額の平均が高い場合です（図表7－8）。

(3) 自社に適した保健事業の実施

2つ目のメリットは、自社の被保険者の傷病発生状況等に適した保健事業を実施しやすいことです。協会けんぽは、最低限の保健事業しか実施できません。共同設立の健康保険組合では、多くの事業所が加入しており、被保険者の傷病の発生状況も様々であり、保健事業が自社従業員に最適とはいえません。それに対して、単独設立の健康保険組合では、自社の従業員や被扶養者の傷病状況に適した保健事業が実施できます。

(4) その他

3つ目は、自社の健康保険組合を持つことで、経営層や人事・総務部署と連携しやすくなることです。この点は、「健康経営」推進の観点からも重要で、事業主は健康保険組合と連携して「健康経営」に取り組みやすくなり、人材の採用や定着にも効果が期待できます。

4つ目は、福利厚生制度のうち、保健・福祉事業とみなせる健康保険組合に移管できることです。これにより、事業主の福利厚生費が軽減するとともに、健康保険組合に加入しているグループ企業の従

第7章 職域・団体等による福利厚生

図表7-8 保険料率低下の理由

保険料率は、必要な支出を賄う保険料を得るために算定される。

〈現行加入の共同設立健康保険組合の例〉
・被保険者1人あたりの支出49万円（内訳、給付費25万円、高齢者
　医療費拠出金22万円　保健事業費2万円）と仮定
・総合健保加入者の平均総報酬の平均額を500万円と仮定
・現行の自社の従業員の総報酬の平均額を600万円と仮定

・49万円÷500万円＝9.8%
　よって、総合健保の平均保険料率は9.8%必要

　現行の自社の負担額は600万円×9.8%＝58.8万円
　平均より負担が多い額58.8万円－49万円＝9.8万円

〈自社健保の例〉
・被保険者1人あたりの支出は総合健保と同様と仮定
・49万円÷600万円＝保険料等8.2%
　よって、保険料率は9.8%から8.2%への引き下げが可能

　自社の負担額600万円×8.2%＝49万円（58.8万円－49万円
　＝▲9.8万円の負担軽減になる）

出所：筆者作成

業員も同じ制度を利用できることになり、グループ内の福利厚生制度の格差の縮小につながります。事業主の費用負担の観点でいえば、福利厚生では全額事業主負担ですが、保健・福祉事業では半額は従業員等（被保険者）が負担することになるため、同程度の事業の実施でも、保険者が実施した方が事業主の負担が軽いことになります。

－ 177 －

6 健康保険組合の単独設立の手順

(1) 保険料率の試算

　現行保険者から脱退して健康保険組合を新設するにあたっては、新設後の健康保険料率等を試算します。単独設立にはいくつものメリットがありますが、やはり保険料のコストを試算してみないと経営判断が難しいためです。

　保険料率の試算には、現行保険者での自社・自社グループの被保険者分の医療費等の法定給付費の実績を入手します。さらに、自社・自社グループ（健康保険組合加入範囲）の被保険者の男女別、年齢層別の社員数、平均標準報酬月額、被扶養者人数等をもとに、将来の被保険者構成も予測して、料率の推移を試算します。

　単独設立では、健康保険事務に携わる職員の人件費も料率試算に織り込みます。

(2) 設立の申請

　試算の結果、現行保険者よりも保険料率の低下が期待できる、または料率は大きく下がらなくとも他のメリットが期待できることが確認できれば、設立の申請準備に入るため、事業主として機関決定を行います。

　地方厚生局に対して、設立の申請相談を開始し、必要なデータ、書類を準備し、提出します。この際に、外部のコンサルタントに助言や資料準備等の支援を求めることもできますが、地方厚生局の指導を受けつつ自社だけで設立することも十分可能です。

　同時に、健康保険組合を自社で運用できるよう、専門性を持った人材を手配します。人材会社に依頼することが一般的です。設立ま

での期間は、順調にいけば、およそ1年近くとされています。

7 設立の留意点

(1) 保険料率の水準

　健康保険組合には、給付や高齢者医療費の負担拠出に差し支えないよう準備金の積立てが義務付けられています（健康保険法第160条の2）。積立てには2～3年程度がかかるため、設立当初は保険料率を高めに設定します。よって、保険料率の引下げ効果は直ちには発生しません。

(2) 健康保険制度の見直し

　健康保険制度は、少子高齢化や長寿化を背景に都度見直されています。今後も試算した保険料率が現行保険者の保険料率を下回るかは判断できません。

(3) 自社での運営責任

　他の保険者に加入していたときとは異なり、健康保険組合運営に関しては、労働組合とも話し合って、ともに運営していくことになります。

2 共済会

1 共済会と福利厚生

(1) 共済会とは

　共済会は、福祉会、社員会、互助会とも称されます。なお、官公庁の共済会は、職員互助会または職員互助組合と称されることが多いです。共済会は、同一の職域に勤務する従業員、職員、役員等で構成され、構成員に対して福利厚生を提供することを目的とする団体であり、理事長、理事会等の機関を持つことから社団といえます。

　人格の有無によってさらに分類でき、一般社団法人または一般財団法人として法人格を持つものと、法人格を持たない社団（「権利能力のない社団」）があります。

> 社団　特定の目的を持つ人の集まりで構成される団体。社団が法人格を持ち権利能力を持つと一般社団法人。さらに公益認定を得ると、公益社団法人。

(2) 事業主の福利厚生との関係

　このように、共済会は法的には事業主とは別の団体です。しかし、共済会の設立には事業主が関わり、会費の給与控除や共済会事務所の提供、独立した事務局を持たない場合は福利厚生担当部署が共済事業運営を兼務または受託する等、事業主が共済会運営に関わっている場合がほとんどです。共済会は、事業主が提供する福利厚生の一環と位置付けられます。

　事業主の福利厚生がありながら共済会事業が必要な理由は、事業主の福利厚生が十分でない場合、それを補うことが必要だからです。

－ 180 －

第7章　職域・団体等による福利厚生

また、福利厚生が時代のトレンドに追い付いていない場合への対応も必要です。

なお、労働組合員だけが加入資格を持つ共済会は、組合員への労働福祉活動の一環となります（190ページ参照）。

2　共済会のメリット

(1) 原資の安定性

共済会事業の原資は、会員からの共済会費、母体事業主からの拠出金、貸付金利息、積立金の運用益（預金利息等）、事業収益等です。共済会費は、共済会規約に基づいて給与控除されます。また、事業主からの拠出金の算定方法も共済会規約で定められていることから、安定した収入が見込めます。

事業主の福利厚生は、業績によっては削減または見直しされることもありますが、共済会事業は財源が安定していることから、相対的に継続されやすいです。

(2) 労使の共同参画

共済会の原資は、従業員も負担していることから、従業員は会員として共済会事業の運営に参画することになります。労働組合があれば、労働組合が運営に参画することが、一般的です。労働組合は、組合員への労働福祉活動を主導している他、事業主に対して福利厚生の改善や実施を要求しますが、共済会運営では、要求ではなく、運営する立場となり、今まで以上に福利厚生に主体的に関わることになります。

— 181 —

(3) 事業主の福利厚生負担額の軽減

　福利厚生は、事業主の費用負担で行います。それに対して、共済会事業は、従業員も共済会員として共済会費を負担します。これにより、母体事業主の負担はその分軽減されます。

　仮に、共済会の労使の負担が折半とするなら、同水準の給付を事業主の福利厚生費で行う場合に比べて、半額の費用負担で賄えることになります。

　さらにいえば、事業主の負担が従前と同額であるならば、共済会があることで従業員の受益は倍になります。

　また、福利厚生充実に向けて新規に共済会を立ち上げることで、母体事業主はより少ない負担で福利厚生を充実できます。

3　共済会の事業内容

　共済会事業の内容は、慶弔給付事業、貸付事業、補助型自助支援事業、割引型自助支援事業に4分類できます。貸付事業は共済融資とも呼ばれ、会員向けの資金融資であり、相互扶助が目的です。

　一方、共済会事業には、相互扶助事業以外に、会員の自己負担を軽減して活動を促す自助支援事業が2種類あります。まず、補助型自助支援事業は、会員が旅行、自己啓発といった共済会が定めた範囲の活動を行った際に、会員が負担する費用の一部を補助することで会員の活動を促す事業です。もうひとつは、割引型自助支援事業です。これは、宿泊施設、スポーツ施設、福利厚生パッケージを共済会が法人契約して、会員は割引価格で低廉に利用できるもので、補助型と同様に、会員の活動を促す事業です（図表7－9）。

図表7－9　共済会の一般的な事業内容

相互扶助	慶事給付	慶事給付（結婚、出産、入学祝金、退会餞別金等） 弔事給付（死亡弔慰金、傷病見舞金、災害見舞金等） 補償給付（休業補償、医療補償等）
	貸付	小口貸付（教育、結婚、使途自由等） 住宅貸付（住宅の取得・改修）
自助支援	補助型	宿泊、育児、自己啓発、介護、不妊治療等への現金補助
	割引型	宿泊施設、スポーツクラブ、冠婚葬祭施設等の提携割引

出所：可児俊信「共済会の実践的グランドデザイン」労務研究所

4　共済会の新設の手順

(1) 共済会新設のメリット

　現行の福利厚生水準をさらに引き上げたい場合、重点的な福利厚生分野をさらに強化したい場合、非正規社員の待遇を福利厚生で改善したいが、原資が不足している場合等に、共済会は、原資の確保の観点でメリットがあります。

　以下が、共済会新設の手順です。

(2) 事業内容の検討

　まず、共済会の事業内容を検討します。相互扶助事業のうち、慶弔給付については、事業主がすでに慶弔給付を実施している場合は、共済会でも同様な給付を行う必要は低いです。事業主が実施している慶弔給付を共済会事業に移管することで、事業主の慶弔費用予算を共済会への事業主拠出金の原資に転用することができます。

　貸付事業は、共済会設立当初は積立金が少ないため、難しいです。または、貸金業法上、事業主でも労働組合でもない共済会は貸金業

－ 183 －

法の適用除外とは明確化されておりません。よって、貸金業法の登録をする以外は、外部金融機関との提携融資の斡旋が現実的です。

自助支援事業の範囲は、従業員のニーズが多様化するなかで広がっています。宿泊やレジャーへの補助の他、育児・介護の支援、不妊治療支援、自己啓発支援等があり、事業主の福利厚生制度、保険者の保健事業とのバランス等で実施を検討します。

相互扶助事業と自助支援事業の振り向け割合については、実際の共済会での事業費の実績を図表7－10に掲載します。慶弔給付・補償給付が相互扶助事業となります。共済会事業が相互扶助ばかりでないことが分かります。共済会のなかには、まったく相互扶助事業を行っていないところもあります。

図表7－10　共済会における自助支援事業の実施状況

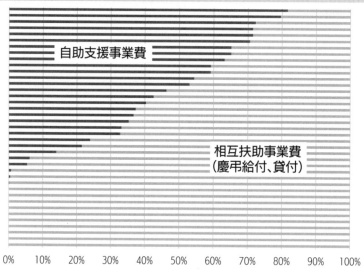

出所：筆者作成

(3) 加入対象者の範囲の策定

共済会の加入対象者の範囲は、共済会規約で定めます。正社員は加入対象であり、役員もほとんどの共済会で加入対象となっています。

非正社員をどこまで含めるかは、共済会ごとに異なります。非正社員のうち雇用延長となっている嘱託社員は、多くの共済会で加入対象です。定年後嘱託となっても均衡待遇の観点では加入対象から外すのは合理性が乏しいです。契約社員、パートタイマー、アルバイトとなると、母体事業主の業種によって異なります。契約社員は、一般に加入対象ですが、パートタイマー、アルバイトについては、サービス業、小売業、飲食業では所定の勤続年数以上の者を加入対象とする事例が多いようです。

均等待遇・均衡待遇の合理性の観点からも検討を要します。

母体事業主の従業員全体に占める非正社員の割合が高いほど、加入対象とする傾向にあります。非正社員の割合が高いのに正社員だけの共済会では、従業員全体に占める加入率が低くなり、福利厚生が持つ生産性向上や満足度向上の効果が少なくなることと、正社員と非正社員が別扱いされていると捉えられてしまう懸念も発生するからです。

(4) 機関設計

共済会は社団ですから、組織として意思決定を行います。意思決定機関、執行機関、監査機関の設置を機関設計といいます。図表7－11に機関設計例を示します。

理事会は、執行機関として存在します。一般に、労使半々で理事を出します。理事長は、事業主側から選出することが多いです。

議決機関として評議員会を置くことがあります。一般社団法人の

図表7−11　共済会の機関設計例

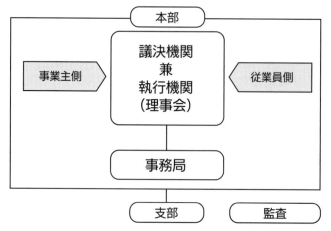

出所:筆者作成

　共済会には、評議員会の設置が義務付けられています。評議員は、母体の各部署、グループ共済会であればグループ各社からバランスより選出します。評議員は、日常的に共済会事業にかかわっていないことが多い一方で、会員の声を広く反映するためには望ましい存在です。

　事業運営のスピード感を重視するなら、理事会に議決機関としての機能も付与します。

(5) 会費額と従業員への説明

　事業内容が固まれば、年間必要事業費を算定します。慶弔給付の所要額は、事業主で類似の給付がある場合はその実績を参考に、特にない場合は厚生労働省「人口動態調査」「簡易生命表」の死亡率、婚姻率、出生率等のデータをもとに、共済会での発生率を予測して積算します。

年間必要事業費に運営費（人件費、物件費）を加えた額を会員対象者数で除して、会員1人あたりの必要額を求めます。12カ月で除せば、月あたりの額となります。これを折半すれば、会員および事業主の負担額となります（図表7－12）。

図表7－12　共済会の会費試算手順

①総費用	給付費用（慶弔給付費、補助金、法人契約費） 　　　　＋ 事務・運営費
②共済会加入 　対象者数	正社員、役員、契約社員、嘱託、パート・アルバイト等の範囲
③会費（月額）	＝①÷②÷12月÷2

出所：筆者作成

　これで収支相等となりますが、不測の支出（災害見舞金、緊急の貸付）の発生も考慮して、設立当初に早期に適切な積立金を確保するのが望ましいです。例えば、収支比率が80％となるよう収入を支出より2割程度多目とすることで、5年後には年間収入額に相当する積立金が残せることになります。それ以外に、退会餞別金や永年勤続表彰の給付をする場合は、その支出額も見込んで収入額を設定します。

> 「人口動態調査」　厚生労働省が毎年調査・報告。出生数、死亡数、婚姻数、離婚数の他、出生率・合計特殊出生率、死亡率を掲載。

(6) 設立までの準備と告知

　設立までのスケジュール例を図表7－13に示します。共済会は、公的な申請や認可等は必要なく、社内で労使の納得が得られれば設

－ 187 －

図表7-13 共済会の新設スケジュール例

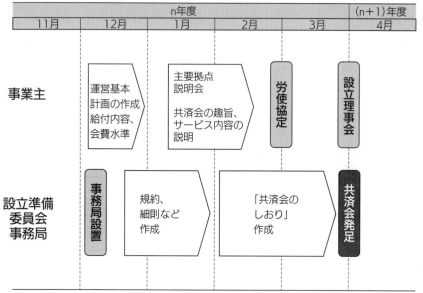

出所:可児俊信「共済会の実践的グランドデザイン」労務研究所

立できます。事業内容と会費を示し、従業員の了解を得ます。了解が得られれば、会費を給与控除する労使協定を締結します。

次に、会費や会員対象者を盛り込んだ共済会規約案と事業内容の規定案を作成し、設立理事会で承認を得ます。

告知の方法としては、説明会の開催、共済会のしおりの配付、社内機関誌等での告知、社内会議席上での披露等があります。

> **労使協定** 事業主と労働組合（労働組合がない場合は従業員代表）の間で締結される書面での協定。時間外・休日労働に関する協定（いわゆる36協定）等、労働基準法に基づき労働基準監督署へ届け出る必要のある労使協定もある。

第7章　職域・団体等による福利厚生

❸ 労働組合

1　労働組合と福利厚生

　労働組合は、事業主と労働条件について交渉するための組織です。連合（日本労働組合総連合会）のHPでは、労働組合は、「働く人の代表という立場で、雇う側と対等に話し合える『集団的労使関係』を築く」ための組織であるとしています。個々の従業員では、事業主に対する交渉力が弱いため、労使が対等に話し合えるよう、従業員側が団結して交渉する権利が保護されています。

　労働組合と福利厚生の関係には2つの面があります。まずは、事業主に対して労働条件や待遇の水準の引上げ・改善を行う要求・交渉事項としての福利厚生です。これは、事業主にさらに福利厚生を充実させるためのものです。

　もうひとつは、労働組合員に対して、労働組合が主体となって生活面を改善する手段としての福利厚生です。職域内で実施されることから、福利厚生と酷似しています。

　両者は、従業員からみれば、類似した効果を得られます。よって両者を一体として捉え、両者をあわせて最適な解決を求めていくべきです（図表7 − 14）。

労働組合　労働組合法（第2条）によれば、
・労働者が主体となって自主的に組織する。
・労働条件の維持改善その他経済的地位の向上を図ることが主目的。
・共済事業その他福利事業のみを目的とするものは労働組合ではない。

－ 189 －

図表7-14　労働組合の福祉活動

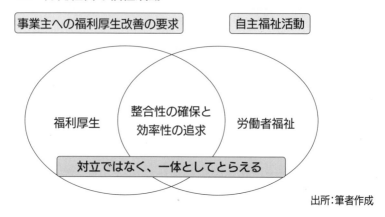

2　要求項目としての福利厚生

　労働組合からの事業主への要求には、賃金以外に福利厚生関連の要求もあります。図表7-15は、最近の要求項目の件数の推移を並べたものです。労働関連法制への対応手段として福利厚生施策は大きな役割を果たしています。よって、事業主に対しての福利厚生要求は、法令改正のトレンドに沿ったものであれば、交渉の土台に乗りやすいといえます。

　今後、重要性が増す要求事項としては、非正規社員の待遇改善、老後生活資金の準備、介護支援等があり、従来以上に労働組合員の声を要求に反映させることが必要です。

3　組合員への福祉活動としての福利厚生

　労働組合の必要性は引き続き高い一方で、労働組合の組織率は、低下傾向にあります。労働組合員となるメリット・魅力付けの一環

図表7−15 労働組合の福利厚生関連要求の推移

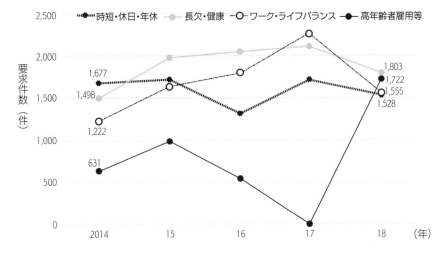

注:主要な要求項目のみを記載
出所:労務研究所「旬刊福利厚生」(2018年7月上旬号)

として、共済事業および労働福祉活動が行われることがあります。これには、組合自体で実施できる事業と上部団体が実施する事業を取り入れるものとがあります。

(1) 共済事業

　共済事業はスケールメリットを必要とするため、単一の労働組合だけでなく、上部団体が単一の労働組合に働きかけて実施するものが多いです。

　生命保険会社、損害保険会社、全労済のBグループ保険、団体医療保険、生命共済等を規模のメリットを生かして、割安で組合員に提供するものです。掛金は、組合員自身の拠出によります。死亡保障、医療保障、所得保障、老後保障の自助努力を促すもので、組合員であることの特典となります。

> **共済** 福利厚生分野では、共済は多様な意味で使われるため、それぞれの一般的な内容を示す。
> ○**共済組合** 国家・地方公務員、私立学校教職員が加入する公的医療保険制度。厚生年金保険、福祉事業を一体で行う公的団体。
> ○**共済会** 職域内の従業員が共済会費を負担し、事業主も掛金を拠出し、労使で積み立てた資金で相互扶助、自助支援を行う任意の団体。
> ○**共済事業** 職域内で労働組合員等が掛金を拠出し、自助努力で死亡保障・医療保障・所得保障・老後保障等を行う任意加入制の自助努力支援事業。
> ○**全国労働者共済生活協同組合連合会** 労働組合が主な母体となっている職域の労働組合員を対象とする死亡保障・医療保障・所得保障・老後保障商品を提供する保険者。掛金は労働組合員または労働組合が拠出。

(2) 労働福祉活動

　労働組合が、リゾート施設、フィットネスクラブ、福利厚生パッケージ等を法人契約して、組合員の特典として利用させます。また、労働組合が、スポーツ大会や旅行を主催して、組合員間の交流を深めるとともに余暇を提供することも多くあります。労働組合員の福祉を目的にライフプランセミナーも実施しています。

4 労働組合を支援する組織

(1) 労働金庫

　労働金庫は、労働組合や生活協同組合が法人会員となり出資している金融機関です。労働組合員（労働組合員ではない労働者も対象とすることがあります）や生活協同組合員に対して、預金の受入れや貸付等を行います。

　労働組合は、労働金庫の金融サービスを労働組合員に告知・斡旋

− 192 −

します。具体的には、資産形成分野の福利厚生となるエース預金（積立式定期預金）、財形貯蓄制度、iDeCo があります。特に、財形貯蓄制度は他の金融機関を上回る実績を持っています。

また、貸付も行っており、一般的なカードローンの他、自動車ローン、住宅ローン、教育ローンと多様です。

(2) 全労済

全労済（全国労働者共済生活協同組合連合会）は、消費生活協同組合法に基づいて設立されており、組合員に対して多様な共済商品を提供しています。

共済とは、死亡、傷病での入院、交通事故、火災等の際の損失を保障するもので、生命・損害保険とほぼ同じ内容です。異なる点は、生命・損害保険は、加入者が限定されておらず、誰でも加入できますが、共済は組合員のみが共済加入できるという点で、組合員間の相互扶助という形をとっています。実際には、共済に加入意思があれば組合員になれるため、結果的に「誰でも加入」できます。

個人の生活者向けに共済商品を提供する他に、労働組合を通じて、職域にも共済商品を提供しています。

団体生命共済は、従業員・職員が掛金を拠出して、1年を保険期間とする死亡保障です。入院保障も追加できます。生命保険会社が提供する B グループ保険とほぼ同等の商品です。

団体年金共済は、従業員・職員が掛金を拠出して積み立て、老後の年金を準備する商品です。生命保険会社の従業員拠出型企業年金とほぼ同等の商品です。

職域内の慶弔給付制度をファイナンスする商品である慶弔共済もあります。

第8章

官公庁、大・中小企業の福利厚生

第8章 官公庁、大・中小企業の福利厚生

■1 官公庁の福利厚生

1 公務員の福利厚生実施の根拠

(1) 国家公務員の福利厚生

　国家公務員の福利厚生は、国家公務員法（図表8－1）において、職員の能率発揮・増進のために行うものとされ、保健、レクリエーション、安全保持・厚生の施策を実施するものとされています。

　これを受けて人事院規則において、職員の保健、安全保持およびレクリエーションについて規定されています。レクリエーションは、「職員の健全な文化、教養、体育等の活動を通じて、その元気を回復し、および相互の緊密度を高め、ならびに勤務能率の発揮および増進に資するもの（人事院規則10－6）」とされています。

　一方、国家公務員共済組合法では、福祉事業が規定され、福利厚生に相当する事業が図表8－2のように示されています。組合員の保養・教養や宿泊といった文化・体育・レクリエーション活動の他、預貯金、貸付といった資産形成支援、そして生活必需物資の供給まで規定され、民間企業の福利厚生とほぼ同等の事業ができるようになっています。

　国家公務員法の福利厚生の体系図が図表8－3です。

(2) 地方公務員の福利厚生

　地方公務員法は第42条（厚生制度）において、「地方公共団体は、職員の保健、元気回復その他厚生に関する事項について計画を樹立し、これを実施しなければならない」とされています。地方自治体で

－ 197 －

図表8－1　国家公務員の職員厚生の根拠

〈**国家公務員法**〉

（能率の根本基準）

第七一条　職員の能率は、充分に発揮され、且つ、その増進が図られなければならない。

2　前項の根本基準の実施につき、必要な事項は、この法律に定めるものを除いては、人事院規則でこれを定める。

3　内閣総理大臣は、職員の能率の発揮及び増進について、調査研究を行い、その確保のため適切な方策を講じなければならない。

（能率増進計画）

第七三条　内閣総理大臣及び関係庁の長は、職員の勤務能率の発揮及び増進のために、次に掲げる事項について計画を樹立し、その実施に努めなければならない。

一　職員の保健に関する事項

二　職員のレクリエーションに関する事項

三　職員の安全保持に関する事項

四　職員の厚生に関する事項

2　前項の計画の樹立及び実施に関し、内閣総理大臣は、その総合的企画並びに関係各庁に対する調整及び監視を行う。

〈**人事院規則 10-6（職員のレクリエーションの根本基準）**〉

人事院は、国家公務員法に基づき、職員の元気回復に関し次の人事院規則を制定する。

（総則）

第二条　職員のレクリエーションは、職員の健全な文化、教養、体育等の活動を通じて、その元気を回復し、及び相互の緊密度を高め、並びに勤務能率の発揮及び増進に資するものでなければならない。

（職員の自発性）

第三条　職員のレクリエーションに関する業務を行なうに当たつては、職員の自発性が考慮されなければならない。

（レクリエーション行事の実施基準）

第四条　レクリエーション行事は、その内容が健全でなければならず、かつ、高度の技術又は技能を要するものであつてはならない。

2　レクリエーション行事は、できる限り、職員が平等に参加することができるように計画され、及び実施されなければならない。

第五条　各省各庁の長は、勤務時間内においてレクリエーション行事を実施する場合には、人事院の定めるところにより、職員が当該行事に参加するために必要な時間、勤務しないことを承認することができる。

図表8-2　国家公務員共済組合法における福祉事業

（福祉事業）
第九八条　組合又は連合会の行う福祉事業は、次に掲げる事業とする。
一　組合員及びその被扶養者（以下この号及び第三項において「組合員等」という。）の健康教育、健康相談及び健康診査並びに健康管理及び疾病の予防に係る組合員等の自助努力についての支援その他の組合員等の健康の保持増進のために必要な事業（次号に掲げるものを除く。）
一の二　高齢者の医療の確保に関する法律第二十条の規定による特定健康診査及び同法第二四条の規定による特定保健指導（第九九条の二において「特定健康診査等」という。）
二　組合員の保養若しくは宿泊又は教養のための施設の経営
三　組合員の利用に供する財産の取得、管理又は貸付け
四　組合員の貯金の受入れ又はその運用
五　組合員の臨時の支出に対する貸付け
六　組合員の需要する生活必需物資の供給
七　その他組合員の福祉の増進に資する事業で定款で定めるもの
八　前各号に掲げる事業に附帯する事業

図表8-3　国家公務員法における福利厚生の体系

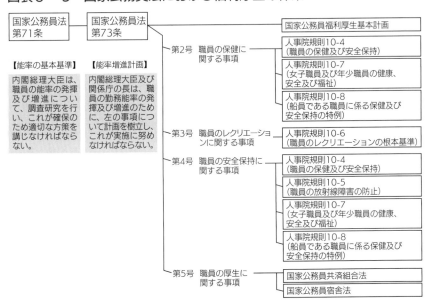

※「第1号　職員の研修に関する事項」については、人事院が実施することになっており、国家公務員福利厚生計画に対象外という位置付けになっている。

出所：福利厚生施策の在り方に関する研究会（総務省人事恩給局）「福利厚生施策の在り方に関する研究会報告」2010年

は、同条を根拠に条例等で職員互助会等を設置しています。なお、地方公務員法では「能率発揮・増進」の目的は規定されていません。

同法第43条（共済制度）で共済制度の実施を定めており、それに基づいて地方公務員等共済組合法にて地方公務員共済組合が設置されています。共済組合の福祉事業について、国家公務員共済組合と同様の規定があります。

2 公務員の福利厚生のあり方

(1) 経緯

公務員の福利厚生は、かつてに比べ、縮小傾向にあります。2004年に西日本の政令市で発覚した職員の厚遇問題や、中央官庁の外郭団体においても、2005年に職員の厚遇問題が発覚したのが、その発端です。その後、今に至るまで公務員の福利厚生はマスコミの批判の的となっています。地方自治体では、一部の住民に配慮して、職員の福利厚生は自粛され続けています。

総務省では、職員の厚遇問題の発覚を受けて2004年度から、地方自治体が互助会等を通じて実施する福利厚生事業について、

① 住民の理解が得られるものとなるよう、点検・見直しを行い、適正に実施されているか、

② 公費が支出されている福利厚生事業の実施状況等が公表されているか、

という観点から調査を行っています。

それによると、互助会等への公費の投入額は、2004年度と比べて2014年度以降は1/10以下となっています（図表8－4）。これは、労使折半と仮定すれば互助会等の財源が、半減していることを意味

図表8－4　互助会等に対する公費支出額の推移

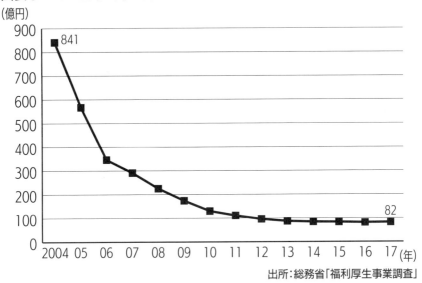

出所：総務省「福利厚生事業調査」

します。

(2)「住民の理解が得られる」福利厚生

　総務省は、「住民の理解が得られる」福利厚生事業であることを点検の要点をしています。それを受けて、各地方自治体では福利厚生事業の見直しを進めており、個人への給付はほとんど公費が投入されていませんが、人間ドックへの補助には投入が続けられています（図表8－5）。これは、職員の疾病予防への補助は、住民の理解が得られると判断されているためと考えられます。

　第1章で福利厚生の目的を述べたように、かつては、余暇の提供や生活支援によって、職員の満足度を高めて長期勤続を促すものでした。現在は、働きやすさ、両立支援、疾病予防・健康増進を支援して労働生産性を高めることが目的となっています。これは官民を問わず、

図表8－5　公費を伴う福利厚生事業の実施状況（個人給付事業）

（団体数）

区分		結婚祝金	出産祝金	入学祝金	弔慰金	退会給付金	災害見舞金	医療費補助	入院・傷病見舞金	人間ドック補助	永年勤続給付	保養施設利用補助	レクリエーション補助
都道府県	2004年度	30	30	25	36	6	33	24	19	33	31	20	20
	16年度	0	0	0	6	0	0	0	0	12	1	0	0
	17年度	0	0	0	6	0	0	0	0	15	1	0	0
指定都市	04年度	18	19	19	19	13	17	1	15	6	19	11	14
	16年度	6	6	4	3	0	2	0	1	7	2	2	6
	17年度	6	6	3	3	0	2	0	1	6	2	2	4
市区町村	04年度	1,781	1,666	1,093	1,940	1,402	1,513	402	1,746	1,376	1,330	991	1,241
	16年度	320	329	190	452	174	211	50	268	943	309	305	389
	17年度	315	327	193	444	166	206	50	264	949	303	305	407

注1）各地方公共団体の首長部局における公費を伴う主な個人給付事業の状況を示している。
注2）互助会等が実施しているものの他、各地方公共団体が直接実施している個人給付事業の状況を
　　示している。
注3）04年度および16年度は決算数値を、17年度は予算数値を使用している。

出所：総務省「福利厚生事業調査」

この目的には納得性があり、住民の理解が得られると考えられます。

　国家公務員の官舎を建て直すことがきっかけで開かれた審議会で
も、同様の結論となっています（図表8－6）。

　福利厚生がこのように変化していることは、国民や地域住民には十
分理解されていません。特に、普段から福利厚生に接する機会のな
い退職者・高齢者、家庭の主婦等には福利厚生が余暇や娯楽の支援
と結び付いているように思われます。福利厚生の目的が満足度向上
に合った時代の名残です。

　現在の福利厚生の実施目的と、それを実現するために「従業員投

図表8-6　福利厚生施策の理念・目的体系

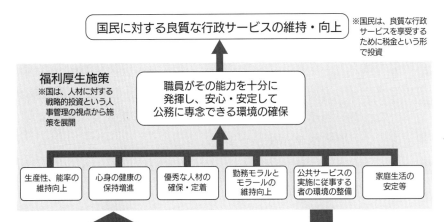

出所：福利厚生施策の在り方に関する研究会（総務省人事恩給局）「福利厚生施策の在り方に関する研究会報告」2010年

資型福利厚生」となっていることを示す必要があります。

(3) 職場規模と福利厚生

　地方都市では、市役所は大規模な事業所であり、近辺の中小・零細事業所とはその規模において格段の差があります。従業員規模と福利厚生の関係は、民間では福利厚生費の格差として表れています。

　この理由は、まずは人件費にかけられる予算の差です。また、大規模規模企業間での人材の確保競争によるものもあります。他の理由として、小規模な職場であれば、経営者自身が従業員に接することが多く、体調の悪そうな従業員、小さな子供を抱えて大変な従業員、家族介護で多忙な従業員と1人ひとりのことをよく分かっており、制度

がなくとも、その都度適切な心配りが可能です。一方、大規模な職場では経営者の目は従業員1人ひとりまで行き届きません。管理職がその役割を担うのですが、中間的な管理職では自身の判断や決裁で適切な処置をすることはできません。よって、大規模な職場では、従業員を支援する制度をつくることで普遍的に支援を実施する必要があり、これが福利厚生制度です。市役所のような大規模な職場では、制度としての福利厚生が欠かせません。

(4) 福利厚生目的の再定義

官公庁においては、福利厚生を能率の向上、保健、元気回復といった根拠に立脚して個々の福利厚生制度の実施目的を再定義することで、国民や住民の理解を得るべきです。

企業業績が良い時期は、民間企業の採用数が増えて、官公庁の就職人気が相対的に低下します。よって、待遇水準を引き上げ、一定の人材水準を確保しないと国政や地方行政に影響し、国民・住民の生活に支障が出ることを理解すべきです。

3 国家・地方公務員共済組合

公務員に福利厚生を提供する団体としては、国家公務員共済組合、地方公務員共済組合、職員互助会・互助組合、職員組合等があります。

(1) 共済組合の種類

国家公務員共済組合は、原則として中央省庁ごとに設立されています。地方公務員には、道府県庁職員が加入する地方職員共済組合、警察職員共済組合、公立学校教職員共済組合が、全国でひとつずつ、

第8章 官公庁、大・中小企業の福利厚生

図表8－7　地方公務員共済組合の種類

組合名	加入対象	組合数	加入者数（万名）
警察共済組合	都道府県警察職員、警察庁職員、皇宮警察	1	29.9
公立学校共済組合	都道府県の教育職員、市町村の公立学校職員	1	94.4
東京都職員共済組合	東京都・特別区の職員	1	12.2
地方職員共済組合	道府県の職員	1	31.1
指定都市職員共済組合	以下の政令指定都市（札幌、名古屋、川崎、横浜、京都、大阪、神戸、広島、福岡、北九州）の職員	10	115.9
都市職員共済組合	北海道都市、愛知県都市、仙台市の職員	3	
市町村職員共済組合	市町村の職員	47	
合　　計		64	283.5

出所：地方公務員共済組合連合会HP

　東京都職員共済組合は単独、政令市職員共済組合は、それぞれ主な政令市ごとにあります。市町村職員共済組合は、都道府県単位で設立されています（図表8－7）。その他に、都市職員共済組合もあります。

　公務員共済組合の事業内容は、図表8－8のとおりです。長期給付事業は民間の厚生年金保険・企業年金に、短期給付事業は健康保険に、福祉事業は保健事業や福利厚生に相当します。

（2）長期給付事業

　長期給付事業は、2015年10月に共済年金が厚生年金保険に統合されたことで、事業内容が変わっています。共済年金は厚生年金保険として給付されます。退職等年金給付は、統合前は職域加算と呼ばれ、いわゆる3階部分として共済年金の上乗せとして支給されていた年金です。国家・地方公務員は、確定給付企業年金、企業型確定拠出年金に加入ができません。よって、企業年金の代替の制度として位置付けられています。

－ 205 －

図表8-8　共済組合の事業内容

| 長期給付事業 | 厚生年金保険給付 |
| | 退職等年金給付 |

短期給付事業	保健給付（法定給付、付加給付）
	休業給付（法定給付、付加給付）
	災害給付（法定給付、付加給付）

| 福祉事業 | ・健康教育、健康相談および健康診査、健康管理・疾病予防にかかる自助努力支援等
・メタボ対策（特定健康診査、特定保健指導）
・保養もしくは宿泊または教養のための施設の経営
・組合員が利用する財産の取得、管理または貸付け
・貯金の受入れまたはその運用
・貸付け
・生活必需物資の供給
・その他 |

出所：筆者作成

（3）短期給付事業

　短期給付事業は民間の健康保険に相当し、保健給付事業と休業給付事業があります。保健給付事業は、医療費の現物給付を中心に実施されています。休業給付事業には、私傷病による休業、出産・育児や介護による休業等があります。また、健康保険にない事業として、災害等の見舞の災害給付があります。

　いずれの給付も、公務員共済組合法に定められた法定給付の上乗せとして付加給付を実施することができます。

－ 206 －

(4) 福祉事業

　福祉事業は、健康保険組合の保健事業に相当する健康教育、健康相談および健康診査、健康管理・疾病予防にかかる自助努力支援等、メタボ対策（特定健康診査、特定保健指導）、保養もしくは宿泊または教養のための施設の経営の他に、組合員が利用する財産の取得、管理または貸付け、貯金の受入れまたはその運用、貸付け、生活必需物資の供給等を行うことができます。

4　職員互助会、職員互助組合

　地方公務員の職域では、共済組合の支部を基本的な母体として、任意で職員互助会または職員互助組合を設立しています。市町村自治体では、市町村を単位に職員互助会等が設立されています。

　これらは、民間でいう共済会に相当します。事業内容は多岐にわたりますが、共済組合が実施する短期給付事業での付加給付のさらなる上乗せとなる給付事業や、慶弔給付事業、ライフプラン支援事業等があります。事業費用は、互助会員と自治体からの交付金で賄われていましたが、交付金が削減され、現在では、ほぼ互助会員の会費のみで運営されています。そのため、短期給付に上乗せされていた医療費の補助が削減されたり、保養所等を廃止し福利厚生パッケージに置き換えたり等の事業支出の抑制に取り組んでいます。

> **職員組合**　公務員にとっての労働組合。民間の労働組合との違いは、争議権や労働協約の締結権を持たないこと。警察、海上保安庁、自衛隊、刑事施設、消防の職員を除いて団結権を持つ。正式には職員団体。

❷ 大企業の福利厚生

　大企業の福利厚生における課題を2つ挙げます。まずひとつは、大企業には、健康保険組合、共済会、年金基金、労働組合等、事業主の福利厚生と類似した従業員向け施策を実施する団体があり、これらの間で、福利厚生においてどのように役割分担し、かつ効率的に福利厚生を従業員に提供するかという課題です。

　また、類似する団体があることで、福利厚生全体に重複や非効率性が感じられてしまいます。

　もうひとつは、適正な福利厚生費はいくらかという課題です。この点は福利厚生担当者が上層部から問われるようです。

　以上の2点を取り上げていきます。

1　大企業事業主の福利厚生と類似する事業

(1) 事業の重複

　従業員数の多い企業では、事業主による福利厚生の他に、共済会による共済事業、健康保険組合による保健事業・福祉事業、企業年金基金による福祉事業、労働組合による労働福祉活動が併行して行われていることが多いです（図表8－9）。

　それぞれは、異なる目的で実施されています。福利厚生は、従業員の労働生産性の向上、待遇条件の引上げ、従業員満足度の向上など、事業主にとっての目的に沿って行われています。労使共同で運営されている共済会は、会員である従業員の相互扶助、自助支援等を規約に定めています。事業主も費用を折半負担することが多く、理事

図表8－9　大企業の従業員向けサービス

事業主	福利厚生 労働生産性の向上、従業員の採用・定着等
健康保険組合	保健事業・福祉事業 疾病予防、健康増進による医療給付費の削減等
企業年金基金	福祉事業 年金加入者の退職後生活の経済的充足
労働組合	労働福祉活動 労働組合員の相互福祉
共済会	共済事業 会員の相互扶助、自助支援

出所：可児俊信「共済会の実践的グランドデザイン」労務研究所

会等にも理事を出していますので、事業主の意思も反映されます。

　健康保険組合は、健康保険法に基づく公法人であり、健康保険法に基づく給付事業・保健事業を代行しています。運営には、事業主も理事や代議員を出しており、事業主の意思を反映することができます。年金基金は、そのほとんどが企業年金基金です。代議員や理事の半数は事業主であり、やはり事業主の意思が反映されます。確定給付企業年金法第94条（福祉事業）では、「加入者等の福祉を増進するため、規約で定めるところにより、加入者等の福利および厚生に関する事業を行うことができる。」とされています。

　労働組合は、従業員で構成され、事業主は運営に参加していませんが、労使交渉を通じて事業主の意思を伝えることができます。

(2) 事業内容の役割分担

　複数の団体があると、それぞれの役割分担が求められます。福利

厚生の分野は第3章に掲げたとおり、数多くあります。それぞれの団体がどの分野でどのような役割を担うべきかの考え方を示します。

　まず、健康保険組合は、保険者として、保健事業・福祉事業において、疾病予防・健康増進を行います。健康保険組合は、保険者として、検診結果や医療機関への受診記録を持っており、的確な事業を実施できます。また、事業の財源となる保険料を労使で負担しているため、事業主の負担がその分軽くなります。保険者からの給付は非課税であり、税制面でも有利です。保険者の範囲がグループ企業にまでおよんでいる場合は、その分スケールメリットが働きます。

　一方で、保険者は、法定給付や高齢者への医療費支援、メタボ対策等支出が増えて保健事業に十分財源を回せなくなっています。仮に共済会の財源にゆとりがある場合は、付加給付や宿泊事業を相当する共済会事業に移管することができます。付加給付は、共済会では補償給付として実施することになります。「健康経営」に、事業主が積極的に取り組むこともあります。

　企業年金基金は、加入者等に対して福祉事業を行うことができます。例えば、慶弔給付金、宿泊施設の保有または法人契約による提携、退職準備教育・ライフプランセミナーがあります。

　ライフプランセミナーは、事業主の研修制度としても実施されています。キャリアプランや教育資金・住宅取得資金といったライフイベント資金の準備に関するセミナーが中心です。近年は長寿化の進展による老後生活資金準備支援が事業主にとっても重要な福利厚生となっているため、事業主と基金での共催が考えられます。

　宿泊事業には、事業主、保険者、共済会、年金基金、それぞれが行っている場合があります。対象者の少ない団体では廃止することになります。逆に、保険者やグループ共済会は対象者が多く、事業を残

－ 210 －

すことになります。

(3) 加入者の相違

　グループ企業が多い場合、各福利厚生制度の加入・利用対象者が異なります。図表8－10に一例を示しています。中核企業の従業員のみが対象となる制度、中核企業および連結対象企業または中核企業から分社化した企業の従業員まで対象とする制度、中核企業・連結対象企業・非連結対象企業の従業員まで対象とする制度、各社個別に実施する制度に分かれます。

　このままで異なる福利厚生団体間で重複する制度を整理すると、制度を利用できない従業員が出てきます。この場合は、各福利厚生制度・事業の加入対象範囲を拡大することで、調整できます。

図表8－10　企業グループの福利厚生適用例

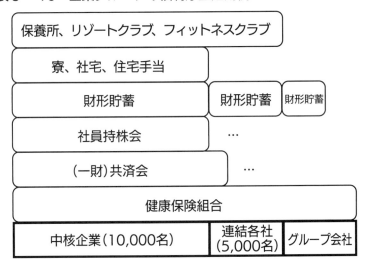

出所：筆者作成

2 総合福祉センターによる一元的運営

(1) 総合福祉センターの運営形態

　福利厚生に類似した事業を運用上一元的にまとめることで、福利厚生等をより効率的・効果的に運営することが可能となります。これが総合福祉センター運営です。運営方法の一例が、図表8－11です。

図表8－11　総合福祉センターの運営形態

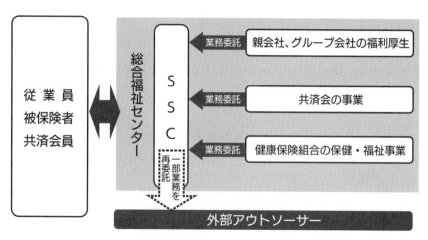

出所：可児俊信「共済会の実践的グランドデザイン」労務研究所

　SSCは、福利厚生、共済会事業、保健事業の利用申請の従業員の窓口としての役割を持ちます。SSCでは、受託した事業の一部を、さらに外部に再委託することもあります。

(2) 総合福祉センターのメリット

　一元化の程度や一元化する業務によりますが、一元的運営のメ

リットには以下のようなものが挙げられます（図表8－12）。

図表8－12　福利厚生一元化とそのメリット

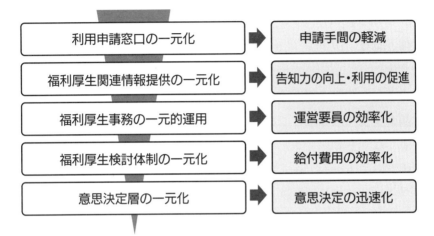

出所：可児俊信「共済会の実践的グランドデザイン」労務研究所

(3) 福利厚生の利用申請窓口の一元化

　申請窓口は、共済給付は共済会へ、保健事業や付加給付は健康保険組合へと分かれています。慶弔給付を事業主と共済会がそれぞれ実施している場合は、同じ申請事由であっても、それぞれの窓口に申請することになります。また、利用したい宿泊施設が健康保険組合の保養所、共済会の提携施設、企業がアウトソーシングしているサービスと、それぞれのなかから探すことになります。

　この手間は従業員等の負担となり、結果的に福利厚生の利用を回避する一因にもなります。申請窓口を一元化することで、慶弔給付の申請が一回で足りる、宿泊施設検索がまとめてできる、それぞれの料金等の比較が容易である等によって、申請・利用の手間が軽減され、福利厚生の利用の促進が期待できます。

(4) 福利厚生関連情報提供の一元化

　事業主、共済会、健康保険組合等は、それぞれの実施事業を従業員に告知・啓発することで、利用が広がり、福利厚生の効果が現われます。告知手段には、ウェブサイト、イントラサイトといったプル型の媒体、冊子、リーフレット等の配付といったプッシュ型の媒体を用います。

　こうした告知を各団体が連携して行うことによって、告知コスト総額が少なくなるだけでなく、まとまった情報となり、従業員に届きやすくなります。従来は健康関連、慶弔関連といった部分的な情報提供だったものが、一元化によって、従業員等のライフステージ、ライフイベントごとに必要な情報を掲載できるようになります。これによって、福利厚生の利用が増えると期待されます。

(5) 福利厚生事務の一元的運用

　それぞれの事業にかかわる事務の一元的運用も重要です。一元的運用とは、事業主、共済会、健康保険組合は業務委託契約を交わして、SSC 等に委託することをいいます。名簿管理等の類似事務の統合、事務量の繁閑の調整等を通じて、要員の効率化につながります。福利厚生にかかわる運営費用の削減も可能となります。

　事務の一元的運用は、それぞれの組織が既にある程度進めている事務のシステム化、ウェブ化を進めているため、事務の一元化はその実態に即して行う必要があります。もちろん、健康保険組合には、健康関連の個人情報を扱うことも多く、情報流出の懸念がないような運用体制の構築が求められます。

(6) 福利厚生検討体制の一元化

　事業主、共済会、健康保険組合、労働組合の各責任者・担当者によって、「福利厚生委員会」等の名称で横断的な福利厚生検討体制を構成することもあります。委員会は、各団体に対する諮問機関、提言機関としての役割を持ちます。検討体制の一元化により、事業主と健康保険組合がそれぞれ契約保養施設を持つ、事業主と共済会が類似した給付事由の慶弔給付制度を持つ、といった給付費用の重複や利用する従業員の申請の二度手間を軽減できます。

(7) 福利厚生関連の意思決定層の一元化

　こうした検討結果の制度改正への反映をさらに早めるために、それぞれの組織の意思決定者を同一人とするのが意思決定層の一元化です。健康保険組合の事務長と共済会の事務長の兼任、健康保険組合の常務事務と共済会の常務理事の兼任、健康保険組合理事長、共済会理事長、人事担当役員の兼任が考えられます。

　これによって、福利厚生のトレンドや従業員ニーズの変化に素早く対応できるようになります。

3　報酬全体における福利厚生費の水準のあり方

(1) 福利厚生費の適正水準

　「福利厚生費をどのくらいかけるのが適正か」。福利厚生費は、労働組合の要求に基づき、事業主として可能な費用の負担内で積み上げられてきました。結果的に今の福利厚生費水準となっているものです。よって、経営の視点からみた適正な福利厚生費水準は、具体的に検討されてきませんでした。

－ 215 －

適正水準は、各事業主にとっての福利厚生の目的によります。人材の採用・定着という確保が目的であれば、業種や規模が類似した同業他社の福利厚生費または福利厚生制度を目安にすることになります。

　1995年までの福利厚生は、施設投資型福利厚生であり、社宅・寮や保養所に費用をかけました。現在でもその影響が残っており、福利厚生費全体に占める住宅関連費用の割合は高いです。それでも1997年度での割合は53％でしたが、2017年度は49％まで低下しています。図表8－13は、福利厚生費を構成する各費用の福利厚生費全体に占める割合（パーセンテージ）の変化を示したものです。20年間で、福利厚生費に占める割合が、住宅関連費用で4.6ポイント、

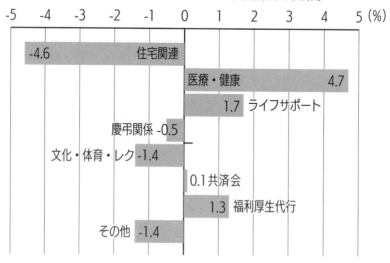

図表8－13　福利厚生分野別の金額割合の変化
　　　　　（1997年度調査と2017年度調査の比較）

注：福利厚生各分野の費用が福利厚生費全体の費用に占める割合について、1997年度と2017年度で、割合の差分を図化した。

出所：経団連「福利厚生費調査」をもとに、筆者作成

文体レク費用で1.4ポイントそれぞれ低下した一方で、健康・医療費用は4.7ポイント、ライフサポート費用は1.7ポイント増加しています。また、ライフサポートの福利厚生費のなかでも変化が起きており、これだけをみても、社宅や保養所主体の「施設投資型福利厚生」からワーク・ライフバランス支援やヘルスケア支援主体の「従業員投資型福利厚生」に移り変わってきたことが明らかです。社宅・寮や保養所等にかけられていた福利厚生費が、他の費用項目に振り向けられています。さらに、これらの分野に注力していることを人材の採用面でもアピールするようになってきました。

　一概にはいえませんが、福利厚生費全体に占める住宅関連費用の割合が高い場合は、他の福利厚生費への振り向けが十分ではないとみることができます。

(2) 現金給与と福利厚生費の割合

　経団連の「福利厚生費調査」では、現金給与と福利厚生費の比率を知ることができます（図表 8 - 14）。福利厚生費は現金給与額に対して、5％台の比率を維持してきましたが、1990年代前半を最後に比率は低下し、4％台後半に落ち着いています。この低下は、福利厚生の重要性が下がったというより、住宅関連費用の縮小とみることができます。4％台後半という比率は、平均的な値といえます。業種や企業規模別に詳細にみることでより自社に即した平均値がみえてきます。

　財務省「法人企業統計」では、福利厚生費（法定福利費と福利厚生費の合計）と売上高、利益額との関係をみることができます。人件費と売上額、利益額の適正値に関する研究もないなかでは、福利厚生費と売上高、利益の関係の議論もできないと考えます。

－ 217 －

図表8-14 福利厚生費および現金給与額に対する比率の推移

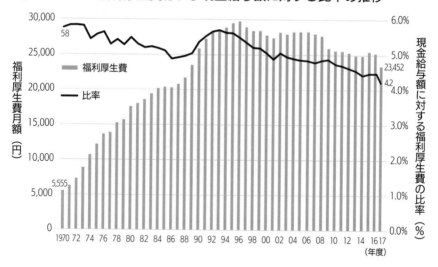

出所:経団連「福利厚生費調査」から筆者作成

第8章 官公庁、大・中小企業の福利厚生

❸ 中小企業の福利厚生

1 大企業との福利厚生格差

　中小企業の福利厚生費は図表8－15に示しています。大企業の平均値ともいえる経団連の「福利厚生費調査」における福利厚生費の1/4程度となっています。

　「施設投資型福利厚生」から「従業員投資型福利厚生」への変化は、中堅・中小企業でも福利厚生を充実させやすくなりました。

　従来の福利厚生は施設が主体であったため、その費用を賄うには、スケールメリットのある大企業になるほど有利でした。中堅・中小企業は、従業員の満足度を高める福利厚生の実施が難しかったのです。しかし、従業員に投資する福利厚生となると、先にみたように、

図表8－15　中小企業の福利厚生費

(1人1カ月あたり)

企業規模	計	住居に関する費用	医療に関する費用	食事に関する費用	文化・体育・娯楽に関する費用	私的保険制度への拠出金	労災付加給付の費用	慶弔見舞等の費用	財形貯蓄奨励金、給付金及び基金への拠出金	その他の法定外福利費 1)
実額（円）										
300～999人	5,858	3,003	694	659	412	346	95	212	61	378
100～299人	4,963	1,975	654	730	305	463	136	237	160	304
30～ 99人	3,883	731	691	475	328	1,102	146	172	73	164
構成比（%）										
300～999人	100.0	51.3	11.8	11.2	7.0	5.9	1.6	3.6	1.0	6.4
100～299人	100.0	39.8	13.2	14.7	6.1	9.3	2.7	4.8	3.2	6.1
30～ 99人	100.0	18.8	17.8	12.2	8.5	28.4	3.8	4.4	1.9	4.2

注）「その他の法定外福利費」とは、通勤バス・売店等の費用、共済会への拠出、持株援助に関する費用等をいう。

　　出所：厚生労働省「就労条件総合調査（2016年）」常用労働者の福利厚生費月額

－ 219 －

企業規模にかかわらず実施・充実できるようになります。

　また、中堅・中小企業では、福利厚生を提供するマンパワーやコストが限られてしまうことが多くあります。これについても、福利厚生パッケージや福利厚生アウトソーシングが普及し、手間をかけることなく、スケールメリットが利いた福利厚生を充実させられるようになりました。

2 中小企業への福利厚生支援

　中小企業の福利厚生支援する公的団体・制度としては、中小企業退職金共済、中小企業勤労者福祉サービスセンター、地域産業保健センター、労働者福祉協議会等があります。

労働者福祉協議会　全労済や中小企業勤労者福祉サービスセンター、労働金庫等の労働者福祉に関する事業団体や連合等の労働組合と連携して、労働者福祉を推進。全国の主な都道府県に、ライフサポートセンターを置き、電話や面接による相談を実施。相談内容は、多重債務、労働、福祉、就職、金融、保障、法律、生活相談全般。全国組織として労働者福祉中央協議会。

---

(1) 中小企業退職金共済
①中小企業退職金共済の概要

　　中小企業退職金共済（中退共）は、1959年に中小企業退職金共済法によって創設された中小企業向けの退職金運営支援制度です。中小企業が退職金制度を整備することで従業員を確保しやすいよう、退職金制度の運営を国が行い、中小事業主の負担を軽減する仕組みです。掛金や積立金額の管理、退職した従業員への給付は独立行政法人勤労者退職金共済機構が行い、一部

の掛金には国の支援もあります。2018年12月末時点で36万社、347万名が加入しています。

②加入対象事業主

中小企業向けであるため、中小企業基本法の中小企業の要件（図表8－16）にあてはまる事業主が加入できます。個人事業や公益法人等では常用従業員数要件を、法人では資本金・出資金要件または常用従業員数要件のいずれかを満たせば加入できます。

加入後、企業規模が拡大し要件を満たさなくなった場合は解約し脱退となりますが、確定給付企業年金または特定退職金共済制度に資産を移換できます。

③加入対象従業員

加入事業主に勤務している従業員は原則として全員加入です。これを「包括加入の原則」といいます。ただし、役員等は加入できません。また、一部の従業員は加入させなくともかまいません。加入2年未満の者には給付額はまったくないか、掛金合計額未満の給付となるため、短期間で退職する従業員は加入させるメ

図表8－16　中小企業・小規模企業の定義

業　　種	中小企業者 （下記のいずれかを満たすこと）		小規模企業者
	資本金の額又は 出資の総額	常時使用する 従業員の数	常時使用する 従業員の数
①製造業、建設業、運輸業 その他の業種（②〜④ を除く）	3億円以下	300人以下	20人以下
②卸売業	1億円以下	100人以下	5人以下
③サービス業	5,000万円以下	100人以下	5人以下
④小売業	5,000万円以下	50人以下	5人以下

注：中小企業基本法による

出所：中小企業庁HP

リットはほぼないでしょう。

④掛金額

　掛金は、全額を事業主が拠出します。掛金額は従業員が同意した場合または国が認めた場合は変更することができます。

　掛金額は、月額で最低5,000円（短時間労働者は特例で2,000円）から1,000円または2,000円刻みで最高30,000円まで加入する従業員ごとに選択します。

　掛金の一部については国からの助成があります。新規加入した際は掛金の1/2（上限5,000円）を1年間にわたり助成されます。増額前に20,000円未満であった掛金を増額した際は、増額した金額の1/3の額が1年間にわたり助成されます。国からの助成の他に、自治体が掛金を助成することもあります。

　中退共に新規加入する以前に1年以上働いている従業員について、通常の掛金とは別に過去勤務掛金を拠出することで、中退共に加入する以前の勤続期間に対応する退職金を準備できます（図表8-17）。

　手順は、まず過去勤務通算用の掛金を選択します。掛金額の選択の範囲は通常掛金と同じです。次に、以下の式で過去勤務掛金を算定します。

　過去勤務掛金＝過去勤務通算月額×（掛金率＋厚生労働大臣の定める率）

　これは、本来、加入以前に拠出すべき掛金を後払いしている形であることから、掛金額を終価に算定し直すものです。

⑤給付

　毎月拠出した掛金とその運用益の終価が給付額となります。退職金額表で給付額が早見できるようになっています。予定利

図表8－17　過去勤務掛金の仕組み

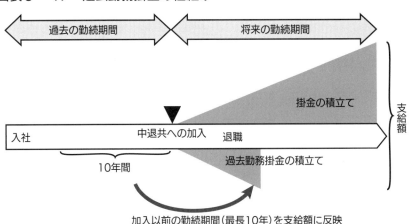

出所：可児俊信「確定拠出年金の活用と企業年金制度の見直し」日本法令

率は現在1％です。なお、加入1年未満で退職した場合は無給付です。1年以上2年未満の場合は、掛金合計額以下の給付となり、"元本割れ"となります。2年以上3年6カ月までは掛金合計額が給付額となります。3年7カ月以上で掛金合計額を上回る額が給付されます。よって、2年未満で退職が予定されている従業員は中退共に加入させず、事業主が直接、退職金を給付する方が有利となります。

　退職金額表に掲載されている金額は、基本退職金額であり、最低保証されている額です。中退共の資産の運用実績が好調であったときは、基本退職金に加えて付加退職金が加算されることがあります。

　中退共は一時金で給付する制度ですが、給付額が所定額以上であれば、分割して給付を受けることもできます。

(2) 中小企業勤労者福祉サービスセンター
①サービスセンターの概要

　　　中小企業勤労者福祉サービスセンターは、中小企業の福利厚生をアウトソーシングする仕組みです。原則として市町村（東京では区単位）ごとに設立・運営されます。複数の市町村が広域で運営しているセンターもあり、全国で約200のセンターがあります。加入している従業員数は121万名です。

　　　原則として、その市町村内にある中小事業主が加入でき、その従業員が対象となります。全国組織として、一般社団法人全国中小企業勤労者福祉サービスセンターがあります。

②サービスの仕組み

　　　中小企業勤労者福祉サービスセンターの名称は、共済会、振興公社等さまざまで、さらに愛称が付されています。事業主は任意加入です。加入する場合は、従業員数に応じて会費を支払

図表8-18　中小企業勤労者福祉サービスセンターの概念図

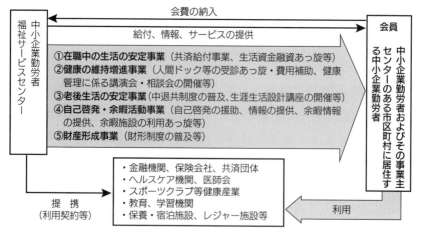

出所：厚生労働省HP「中小企業勤労者福祉サービスセンターとは」

います。センターは会費と自治体からの補助金で事業を運営します（図表8-18）。

③サービス内容

大きく2つあり、慶弔給付と割引サービス等です。

慶弔給付は、結婚、出産、入学等の祝金の他に死亡弔慰金、入院見舞金、災害見舞金等が給付されます。

割引サービスは、レジャー施設、スポーツ施設、カルチャー施設、宿泊施設等が対象となります。福利厚生パッケージ（第5章）の割引との違いは、その自治体内のサービスが充実している点と自治体が運営している公的な施設も対象となる点です。一方で、福利厚生パッケージは全国で展開している福利厚生サービスを多く利用できます。

その他に、補助金事業もあります。

(3) 地域産業保健センター

労働者健康安全機構の下部組織であり、従業員数50人未満の小規模事業主やその従業員に対して、次の事業を原則として無料で提供しています。

健康診断結果に基づいた健康管理、作業関連疾患の予防方法、メンタルヘルスに関すること、日常生活における健康保持増進の方法などについて医師や保健師が健康相談に応じます。

医師等が、訪問指導を希望する職場を個別に訪問し、健康診断結果に基づいた健康管理等に関して指導、助言を行います。

また、医師が職場の巡視を行い、改善が必要な場合には助言を行うとともに、従業員から寄せられる健康診断の結果評価等の健康問題に関する相談にも応じます。

さらに、事業主からの相談内容や要望に応じて、産業保健総合支援センターと連携し、専門スタッフが職場を訪問し、メンタルヘルス対策、作業環境管理、作業管理等状況に即した労働衛生管理の総合的な助言・指導を行います。

　また、地域の産業保健関係機関等のリストを作成し、希望する職場に情報提供しています。

　労働安全衛生法では、脳・心臓疾患の発症を予防するため、長時間にわたる労働により疲労の蓄積した従業員に対して、事業主は医師による面接指導の実施が義務付けられています。地域産業保健センターを活用するなどして、面接指導または面接指導に準ずる必要な措置を講ずることができます。

労働者健康安全機構　過労死関連疾患やアスベスト、メンタルヘルス等の災害に関して、被災従業員などが早期に職場復帰し、疾病の治療と職業生活の両立が可能となる支援を推進し、総合的な調査・研究、その成果の普及を行うことにより、従業員の健康および安全の確保を図る独立行政法人。この他に、労災病院、医療リハビリテーションセンター、総合せき損センター、産業保健総合支援センター、労働安全衛生総合研究所等を運営。

---

(4) 中小事業主掛金納付制度 (iDeCo プラス)

　財形貯蓄制度や持ち株会では、従業員が給与控除で掛金を積み立て、事業主も掛金補助や奨励金を拠出して積立額の上乗せを図る制度があります。確定拠出年金においても可能です。

①実施できる事業主

　　企業型年金や他の企業年金を実施していない中小事業主（第1号厚生年金被保険者数が恒常的に100名以下。同じ経営者によるグループ企業では、被保険者数を合計した人数で判定）が対象となります。中小事業主であることは毎年確認されます。

勤務する従業員がiDeCo（個人型年金）に加入した場合、加入者掛金に上乗せして、事業主も事業主掛金（中小事業主掛金といいます）を拠出できます。ただし、加入者掛金が加入者の金融機関口座からの振替ではなく、事業主による給与控除で納付（事業主払込みといいます）されていなければなりません。

②加入資格の限定

中小事業主掛金の対象となる従業員の資格は、iDeCo加入者全員でもかまいませんが、社内規程を設けて資格対象者を限定することも可能です。対象者を限定する際は、職種や勤続期間で限定します。これ以外の要件で限定すると原則として不当な差別とみなされます。

③掛金

拠出限度額は加入者掛金と中小事業主掛金を合計して、年額276,000円（月額23,000円）です。iDeCoは任意加入です。よって、事業主は加入者のみに対して掛金を上乗せ拠出します。掛金額は、原則として年1回に限り変更できます。

中小事業主掛金の額は、対象者のうち資格ごとに異なる額とすることもできます。こういったルールがあることから、制度の導入や廃止、掛金額や対象者資格の見直しには従業員の過半数が加入している労働組合等の同意が必要です。

④税制

中小事業主掛金は、通常の事業主掛金と同様に損金となる上に、所得税等においても福利厚生費扱いであり、加入者の所得とはみなされません。ちなみに、財形の掛金補助や持ち株会の奨励金は、所得税法等上は給与とされます。

加入者掛金は、全額が小規模企業共済等掛金控除として所得

控除されます。よって、労使ともに税制上は有利な扱いとなっております。

⑤制度設計

　従業員の老後の所得を上乗せするのが、この制度の目的です。事業主掛金が加入者掛金に上乗せされるため、従業員のiDeCoの加入を促進することができます。また、資格対象者を限定できることから、所定の勤続年数以上であることを資格とすることで、従業員の長期勤続意欲を醸成することもでき、人事制度としても機能します。

　職種と勤続期間によって加入資格を制限できます。正社員のみに長期勤続を期待するのであれば、正社員のみを加入資格とすることもできますが、非正規社員も対象とすることも考えられます。

第９章
福利厚生と税制等

第9章 福利厚生と税制等

■1 事業主への福利厚生の税制

　福利厚生は、非課税であることが、事業主にとっても従業員にとっても魅力です。しかし、福利厚生であるから非課税であるわけではありません。よって、福利厚生税制に注意を払わず、すべての福利厚生制度を非課税で扱っていると、本来は課税であるものも非課税とすることが起こり得ます。こうした事態が頻発すると、税務当局も福利厚生税制をより狭めることも考えられます。

　福利厚生税制を正しく理解し確実に運用することが、長い目でみて福利厚生税制の魅力を引き出すことにつながります。

1　非課税所得となる福利厚生

　福利厚生には、税制法上、従業員にとって経済的利益とみなされ給与所得として課税対象となるものと、経済的利益がありながらも所定の要件を満たすことで従業員には非課税となるものとがあります。なお、いずれの場合も法人税法上は損金です。

　非課税となる福利厚生は、所得税法、同施行令、同施行規則または所得税基本通達で規定されています。福利厚生制度ごとに非課税要件が定められており、福利厚生として非課税となる要件が統一的に規定されているわけではありません。

　所得税法第9条（非課税所得）では、「給与所得を有する者がその使用者から受ける金銭以外の物（経済的な利益を含む）でその職務の性質上欠くことのできないもの」（第1項第6号）、「損害保険の保険金および損害賠償金（これらに類するものを含む）で、心身に加えら

－ 231 －

れた損害または突発的な事故により資産に加えられた損害に基因して取得するもの」（第1項第17号）は、非課税とされています。

さらに、所得税法施行令第21条では、法第1項第6号をうけて、

① 船員が乗船中に給付される食料

② 使用者（事業主）から支給または貸与される制服や身の回り品

③ 国家公務員宿舎法で定める無料宿舎および職務の必要上、企業から指定されて居住する社宅

が非課税とされ、同施行令第30条では、法第17号をうけて、「心身や財産に加えられた損害に対する見舞金」が非課税とされています。

これ以外は、所得税基本通達で、個々の福利厚生ごとに規定されています。図表9－1は、福利厚生に関する主な基本通達です。

図表9－1　福利厚生に関する主な所得税基本通達

福利厚生制度	根　拠（通達番号）
新幹線通勤代	9－6の3
永年勤続表彰の旅行、観劇、記念品	36-21
創業記念品	36-22
値引き3割以内の社内販売	36-23
残業食、宿直食	36-24
寄宿舎の電気料等	36-26
所定範囲内の無利子・低利子貸付	36-28
会社施設の低額利用	36-29
レク（会食、演芸会、運動会等）	36-30
慰安旅行	36-30（法令解釈通達）
少額な保険料	36-32
食事の費用補助	36-38の2
レジャークラブの入会金、年会費	36-34の3
従業員の社宅	36-47
所得補償金、葬祭料、香典	9-22,23
結婚祝金、出産祝金等	28-5

出所：可児俊信「共済会の実践的グランドデザイン」労務研究所

第9章　福利厚生と税制等

> 施行令、施行規則　施行令は、国会で定めた法律の施行のための、政府が制定する細則としての命令。政令という。施行規則は、法律や政令を施行するために、内閣府、省庁が制定する細則としての命令。

> 所得税基本通達　一般に所得税法、所得税法施行令、所得税法施行規則までが法令。それに対して、所得税基本通達・個別通達は、国税庁という組織内で下部組織（国税局、税務署等）や関連団体に、法令の統一的な解釈運用のために発せられるものであり、法令ではない。税務署は、法令や通達に基づいて税務判断する。

2　国税庁基本通達で規定する個々の福利厚生税制

(1) 永年勤続表彰品（所得税個別通達、昭和60年2月21日）

　永年勤続表彰は、長期勤続を促すために、所定の勤続年数（例えば、20年、25年）に到達した従業員を表彰する制度です。従業員に渡される表彰品が非課税となる要件を以下のとおり定めています。

　①表彰品は、旅行、観劇等、記念品（金銭は含まない）であること

　②「①」の額が、勤続年数等に照らして社会通念上相当であること

　③表彰のタイミングは、最低で勤続年数10年、その後は最低5年間隔であること

　一般には、旅行に代えて、勤続年数に応じた旅行券を支給します。その際も、図表9－2のように、旅行券が換金されていないことを証憑として残すこととされています。

(2) 事業主の用役提供（所得税基本通達36－29）

　事業主の施設（食堂や更衣室、体育施設、保養施設等）を市価より安く、または無料で利用できることに対する経済的利益も、所定の要

－ 233 －

図表 9－2　永年勤続表彰品に関する所得税個別通達

（昭和 60 年 2 月 21 日）

永年勤続記念旅行券の支給に伴う課税上の取扱いについて

標題の件について、この度、表彰（永年勤続表彰）規程を改正し、下記の内容により一定の永年勤続者を対象として永年勤続記念旅行券支給制度を実施することとなりました。

この制度は、永年勤続者の表彰に当たり、その記念として実施するものであり、これにより表彰対象者が受けることとなる旅行券の支給に伴う経済的利益については、所得税基本通達（昭 45.7.1 付直審（所）30）36-21 を適用し、課税を要しないものとして取り扱って差し支えないかお伺いします。

なお、当協会における表彰（永年勤続表彰）規程では、勤続者の勤続年数が満 15 年到達時に初回表彰を行い、その後 5 年ごとの間隔をおいて 2 回目以後の表彰を行うこととしていますが、上記の永年勤続記念旅行券支給制度は、この表彰制度の一環として行うものであることを念のため申し添えます。

記

1 支給対象者及び支給額

　旅行券の支給対象者及び支給額は次のとおりとします。

　　支 給 対 象 者　　　　　支給額

　　満 25 年勤続者　　10 万円相当の旅行券

　　満 35 年勤続者　　20 万円相当の旅行券

2 支給の時期　旅行券の支給の時期は、採用の月から起算して上記 1 に掲げる勤続年数に達した月の翌月とします。

3 旅行券の送付　旅行券は、上記 2 の支給月の前月中旬に当協会人事部より各部局庶務部あてに送付します。

4 支給の手続

　旅行券の支給は、各部局庶務部において所定の支給調書に必要事項（支給対象者の所属・氏名・採用年月・勤続年数・旅行券額等）を記入した上、支給対象者がこれに受領印を押印することにより行うこととします。

5 旅行の実施

（1）旅行の実施は、旅行券の支給後 1 年以内とします。

（2）旅行の範囲は、支給した旅行券の額からみて相当なもの（海外旅行を含みます。）とします。

6 旅行実施報告書の提出等

（1）旅行券の支給を受けた者が当該旅行券を使用して旅行を実施した場合には、所定の報告書に必要事項（旅行実施者の所属・氏名・旅行日・旅行先・旅行社等への支払額等）を記載し、これに旅行先等を確認できる資料を添付して所属各部局庶務部に提出することとします。

（2）旅行券の支給を受けた者が当該旅行券の支給後 1 年以内に旅行の全部又は一部を使用しなかった場合には、当該使用しなかった旅行券は所属各部局庶務部に返還することとします。

【回答】意見の通り取り扱うことに差し支えありません。

第9章　福利厚生と税制等

図表9－3　事業主の用役提供に関する所得税基本通達

> **（課税しない経済的利益……用役の提供等）**
> **36－29**　使用者が役員若しくは使用人に対し自己の営む事業に属する用役を無償若しくは通常の対価の額に満たない対価で提供し、又は役員若しくは使用人の福利厚生のための施設の運営費等を負担することにより、当該用役の提供を受け又は当該施設を利用した役員又は使用人が受ける経済的利益については、当該経済的利益の額が著しく多額であると認められる場合又は役員だけを対象として供与される場合を除き、課税しなくて差し支えない。

件を満たせば課税されません（図表9－3）。要件としては、その経済的利益が著しく多額でなく、特定の従業員・役員だけが利用できる施設ではないことが挙げられています。

　これは、事業主の施設だけでなく、事業主が法人契約している施設にも同様に適用されると考えられます。よって、リゾート会員券や福利厚生パッケージで提供される宿泊施設を低廉な宿泊料金で利用しても、通常料金との差額には課税されないと考えられます。

(3) 従業員の社宅入居（所得税基本通達36－41、36－45、36－47）

　社宅は、家賃を大きく下回る社宅使用料を負担すれば入居できます。その際に、家賃と社宅使用料の差額については、所定の要件を満たすことで非課税とされています。

　まず、社宅入居によって得られる経済的利益について、税制上は、図表9－4にある固定資産税の課税標準額を用いて算定します。この税制上の社宅入居の経済的利益を「通常の賃貸料の額」といいます。その額の半分以上の額を社宅使用料として入居従業員が負担していれば、社宅の経済的利益は非課税とされます。

　なお、役員社宅については別途規定されています。

－ 235 －

図表 9 − 4　従業員の社宅入居に関する所得税基本通達

（小規模住宅等に係る通常の賃貸料の額の計算）

36 − 41　住宅等のうち、その貸与した家屋の床面積（2以上の世帯を収容する構造の家屋については、1世帯として使用する部分の床面積。以下この項において同じ。）が132㎡（木造家屋以外の家屋については 99㎡）以下であるものに係る通常の賃貸料の額は、36 − 40 にかかわらず、次に掲げる算式により計算した金額とする。

$$\text{その年度の家屋の固定資産税の課税標準額} \times 0.2\% + 12円 \times \frac{\text{当該家屋の総床面積 (m}^2)}{3.3 \text{ (m}^2)} + \text{その年度の敷地の固定資産税の課税標準額} \times 0.22\%$$

（注）敷地だけを貸与した場合には、この取扱いは適用しないことに留意する。

（使用人に貸与した住宅等に係る通常の賃貸料の額の計算）

36 − 45　使用者が使用人（公共法人等の役員を含む。）に対して貸与した住宅等（当該使用人の居住の用に供する家屋又はその敷地の用に供する土地若しくは土地の上に存する権利をいう。）に係る通常の賃貸料の額は、36 − 41 に掲げる算式により計算した金額とする。

（徴収している賃貸料の額が通常の賃貸料の額の 50% 相当額以上である場合）

36 − 47　使用者が使用人に対して貸与した住宅等につき当該使用人から実際に徴収している賃貸料の額が、当該住宅につき 36 − 45 により計算した通常の賃貸料の額の 50%相当額以上である場合には、当該使用人が住宅等の貸与により受ける経済的利益はないものとする。

---

(4) 食事の支給（所得税基本通達36 − 38、36 − 38の2）

　工場等では、昼休み時間内に食事のために外出するのが難しいことがあります。よって、事業所内に食堂を設け、事業主が補助することで市価よりも安く提供されています。市価よりも安く食事ができることの経済的利益も、以下の所定の要件を満たすことで課税されません。要件は、図表9 − 5 のとおりです。

　①食事代はあくまで従業員負担が原則であることから、食事費用の半分以上を従業員自身が負担していることが要件です。

　②事業主の負担額は、月額で3,500円以下（消費税等別）とされて

第９章　福利厚生と税制等

図表９－５　食事の支給に関する所得税基本通達

（食事の評価）
36－38　使用者が役員又は使用人に対し支給する食事については、次に掲げる区分に応じ、それぞれ次に掲げる金額により評価する。
（1）使用者が調理して支給する食事その食事の材料等に要する直接費の額に相当する金額
（2）使用者が購入して支給する食事その食事の購入価額に相当する金額

（食事の支給による経済的利益はないものとする場合）
36－38の2　使用者が役員又は使用人に対して支給した食事（36－24の食事を除く。）につき当該役員又は使用人から実際に徴収している対価の額が、36－38により評価した当該食事の価額の50％相当額以上である場合には、当該役員又は使用人が食事の支給により受ける経済的利益はないものとする。ただし、当該食事の価額からその実際に徴収している対価の額を控除した残額が月額3,500円を超えるときは、この限りでない。

いQ前す。

③食事の価額は、事業主が食事を提供している場合は、食材費を含みますが、人件費、業務委託費、水光熱費は含みません。弁当を購入している場合は、弁当代が食事の価額となります。

　この税制を活用した福利厚生サービスに、バウチャー券（昼食券）があります。税制を最大限活用すると、月額7,000円分の昼食券を従業員が購入し、事業主がその半額の3,500円を補助することで、税制上の非課税要件を満たします。地域や特定のエリアで流通している昼食券または昼食券専門業者が販売している全国で利用できる昼食券を従業員が購入して、事業主が補助をすれば、補助額は非課税となります。

(5) その他の非課税となる福利厚生費

①自社製品・商品の値引き販売（所得税基本通達36－23）

　非課税となる要件としては、

－ 237 －

〇値引き率が通常価額の3割引以内であること

〇社員ごとに値引き率に差があってもかまわないが、その差が地位や勤続年数等に応じた合理的な差であること

〇値引き販売で購入する数量が自家消費の数量であること

とされています。

②残業食または宿直食（同36-24）

残業または宿直・日直をした従業員に支給する食事は非課税とされています。ただし、通常の勤務時間外においての食事に限ります。

③事業主の社内リクリエーション（同36-30）

事業主が主催して費用を負担して開催される会食、旅行、演芸会、運動会等の行事は、非課税です（図表9-6）。ただし、行事に参加しなかった従業員に対して、代替で金銭を支給しないことが要件です。金銭を支給した場合は、参加した従業員も含めて、給与とみなされ課税されます。

④慰安旅行（同36-30の法令解釈通達）

慰安旅行は、従業員にとっては、無料または廉価で旅行でき、経済的利益は大きいです。しかし、所定の要件を満たすことで

図表9-6　リクリエーション行事に関する所得税基本通達

（課税しない経済的利益……使用者が負担するレクリエーションの費用）
36-30　使用者が役員又は使用人のレクリエーションのために社会通念上一般的に行われていると認められる会食、旅行、演芸会、運動会等の行事の費用を負担することにより、これらの行事に参加した役員又は使用人が受ける経済的利益については、使用者が、当該行事に参加しなかった役員又は使用人（使用者の業務の必要に基づき参加できなかった者を除く。）に対しその参加に代えて金銭を支給する場合又は役員だけを対象として当該行事の費用を負担する場合を除き、課税しなくて差し支えない。
（注）上記の行事に参加しなかった者（使用者の業務の必要に基づき参加できなかった者を含む。）に支給する金銭については、給与等として課税することに留意する。

第9章　福利厚生と税制等

図表9－7　慰安旅行に関する所得税法令解釈通達

所得税基本通達36－30（課税しない経済的利益……使用者が負担するレクリエーションの費用）の運用について（法令解釈通達）

　標記通達のうち使用者が、役員又は使用人（以下「従業員等」という。）のレクリエーションのために行う旅行の費用を負担することにより、これらの旅行に参加した従業員等が受ける経済的利益については、下記により取り扱うこととされたい。

　なお、この取扱いは、今後処理するものから適用する。

　おって、昭和61年12月24日付直法6－13、直所3－21「所得税基本通達36－30（課税しない経済的利益……使用者が負担するレクリエーション費用）の運用について」通達は廃止する。

（趣旨）慰安旅行に参加したことにより受ける経済的利益の課税上の取扱いの明確化を
　　　　図ったものである。

記

　使用者が、従業員等のレクリエーションのために行う旅行の費用を負担することにより、これらの旅行に参加した従業員等が受ける経済的利益については、当該旅行の企画立案、主催者、旅行の目的・規模・行程、従業員等の参加割合・使用者及び参加従業員等の負担額及び負担割合などを総合的に勘案して実態に即した処理を行うこととするが、次のいずれの要件も満たしている場合には、原則として課税しなくて差し支えないものとする。

(1) 当該旅行に要する期間が4泊5日（目的地が海外の場合には、目的地における滞在日数による。）以内のものであること。

(2) 当該旅行に参加する従業員等の数が全従業員等（工場、支店等で行う場合には、当該工場、支店等の従業員等）の50%以上であること。

課税されません（図表9－7）。

　慰安旅行は、従業員に安く旅行させることが目的ではなく、従業員の一体感を高めたり、旅行を通じてのロイヤルティを醸成したりするのが目的で、事業主のために行われるためです。

⑤保険料補助（同36－32）

　事業主が、従業員が負担すべき社会保険料、労働保険料または生命保険料、損害保険料、共済掛金に対して、月額300円以下の補助は非課税とされています（図表9－8）。

　ただし、特定の役員や従業員だけに対して補助する場合を除きます。

－ 239 －

図表 9 - 8　保険料補助に関する所得税基本通達

> **（課税しない経済的利益……使用者が負担する小額な保険料等）**
> **36 - 32**　使用者が役員又は使用人のために次に掲げる保険料又は掛金を負担することにより当該役員又は使用人が受ける経済的利益については、その者につきその月中に負担する金額の合計額が 300 円以下である場合に限り、課税しなくて差し支えない。ただし、使用者が役員又は特定の使用人（これらの者の親族を含む。）のみを対象として当該保険料又は掛金を負担することにより当該役員又は使用人が受ける経済的利益については、この限りでない。
> (1)　健康保険法、雇用保険法、厚生年金保険法又は船員保険法の規定により役員又は使用人が被保険者として負担すべき保険料
> (2)　生命保険契約等又は損害保険契約等に係る保険料又は掛金（36 - 31 から 36 - 31 の 7 までにより課税されないものを除く。）
>
> (注)　使用者がその月中に負担する金額の合計額が 300 円以下であるかどうかを判定する場合において、上記の契約のうちに保険料又は掛金の払込みを年払、半年払等により行う契約があるときは、当該契約に係るその月中に負担する金額は、その年払、半年払等による保険料又は掛金の月割額とし、使用者が上記の契約に基づく剰余金又は割戻金の支払を受けたときは、その支払を受けた後に支払った保険料又は掛金の額のうちその支払を受けた剰余金又は割戻金の額に達するまでの金額は、使用者が負担する金額には含まれない。

3　非課税となる要件

　このように、所得税法および同通達では、個別の福利厚生について非課税の判断がなされています。よって、これらに規定されていない福利厚生については、判断が難しくなります。

　岡田義晴氏は、労務研究所『福利厚生の税百科』で、以下の 5 つの要件を挙げています。これは、法令や通達等で非課税となる福利厚生に共通する要件とされています。

　①社会通念上、一般的な習慣になっているもの

　②業務遂行上で必要とするもの

　③必要とする金額の範囲内であって過度の支出を伴わないもの

　④役員または特定の従業員を対象にするものではないもの

- 240 -

第9章　福利厚生と税制等

⑤社内の規則または内規になっているもの

「④」については、特定の従業員だけを対象とする制度は、原則とし
て給与所得となるのですが、当該福利厚生制度が必要ない者を除い
たり、必要な給付額に差があったりしても、それが合理的な差であり、
その差が普遍的に適用される場合は、福利厚生費として非課税とな
ります。

図表9－9は、事業主の保険料負担で従業員を養老保険に加入さ
せる場合です。加入しない従業員がいたり、保険金額に差があった
りしても、それが職種、年齢や勤続年数等による合理的な差であり、
それが全従業員に普遍的に適用されるのであれば、福利厚生費で問

図表9－9　養老保険に関する所得税基本通達　　　　　　　　　　　※下線部分筆者

（使用者契約の養老保険に係る経済的利益）

36－31　使用者が、自己を契約者とし、役員又は使用人（これらの者の親族を含む。）
を被保険者とする養老保険に加入してその保険料を支払ったことにより当該役員又は
使用人が受ける経済的利益については、次に掲げる場合の区分に応じ、それぞれ次に
より取り扱うものとする。（昭63直法6－7、直所3－8追加、平14課法8－5、
課個2－7、課審3－142改正）

（1）略

（2）略

（3）死亡保険金の受取人が被保険者の遺族で、生存保険金の受取人が当該使用者であ
る場合

　　当該役員又は使用人が受ける経済的利益はないものとする。ただし、役員又は
特定の使用人（これらの者の親族を含む。）のみを被保険者としている場合には、
その支払った保険料の額のうち、その2分の1に相当する金額は、当該役員又は
使用人に対する給与等とする。

（注）上記（3）のただし書については、次によることに留意する。

（1）保険加入の対象とする役員又は使用人について、加入資格の有無、保険金額等に格差が設け
られている場合であっても、<u>それが職種、年齢、勤続年数等に応ずる合理的な基準により、
普遍的に設けられた格差である</u>と認められるときは、ただし書を適用しない。

（2）役員又は使用人の全部又は大部分が同族関係者である法人については、たとえその役員又は
使用人の全部を対象として保険に加入する場合であっても、その同族関係者である役員又は
使用人については、ただし書を適用する。

題ないとする通達です。

　この5つの要件を満たす福利厚生であれば、福利厚生費とみなされる可能性が高く、逆に、要件を満たさなければ給与所得とみなされる可能性が高いことになります。例えば、先述の従業員の社宅は所定の使用料を徴収する等により非課税となりますが、

　①全国に支店、支社、事業所を展開する多くの企業では社宅を持つ

　②社宅は転勤や人事異動を円滑に行うために必要である

　③従業員社宅について通達では床面積は132㎡（木造住宅以外は99㎡）以下の住宅に限定しており、過度ではない

　④転勤する従業員を等しく対象とする（役員社宅は別に規定されている）

　⑤社宅規程でその入居対象者と使用料等が定められている

というように岡田氏の要件に収まっていることがわかります。

「福利厚生の税百科」　企業人事担当者で税理士であった岡田義晴氏の著書。
労務研究所刊。福利厚生の税制に特化して書かれた唯一と思われる書籍。

2 共済会への税制

1 共済会の税制上の分類

　共済会、職員互助会・職員互助組合（本節では、共済会という）からの給付に対する税制は、共済会の税制上の区分によって異なります。共済会は、
　〇法人格を持つ一般社団法人・一般財団法人
　〇法人格を持たないが母体事業主とは税制的に独立している「人格のない社団」
　〇法人格を持たない上に「人格のない社団」にもあたらない「福利厚生団体」（福利厚生を目的として組織された従業員団体）
に税制上分類されます（図表9－10）。なお、第7章で述べた「権利能力のない社団」は、法制上の区分であることに留意して下さい。

図表9－10　共済会の法人格の有無別にみた税制上の分類

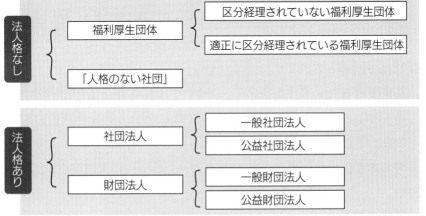

出所：可児俊信「共済会の実践的グランドデザイン」労務研究所を修正

2 福利厚生団体と「人格のない社団」の要件

法人格のない共済会のうち、福利厚生団体とされる要件は、法人税基本通達14－1－4および所得税基本通達2－8に規定されています。その要件を満たさなければ、「人格のない社団」とされます。

基礎要件1　役員・従業員で組織されている
基礎要件2　主として役員・従業員の親睦・福利厚生事業を行っている
基礎要件3　その事業経費の相当部分を母体事業主が負担している
〈この基礎要件をすべて満たした上で、以下の選別要件のいずれかを満たすこと。〉
選別要件1　母体事業主の一定の役職者が役員に選出される
選別要件2　母体事業主が業務運営に参画している
選別要件3　施設を母体事業主が提供している

通常の共済会であれば、、基礎要件1、2、選別要件1、2、3のいずれかは満たしていますから、結果的に基礎要件3を満たしていれば福利厚生団体とされます。

基礎要件3でいう「相当部分」については具体的な割合は明示されていません。半分以上という考え方（桐木逸朗『共済会運営の理論と実務』経営書院）がある一方、「過半をかなり超える割合」とする考え方もあり、母体事業主の拠出割合からだけでは、判別がつきにくいです。

母体事業主の拠出方法には、図表9－11のように、直入方式と加

－ 244 －

図表9－11　共済会への事業主の拠出金の経路

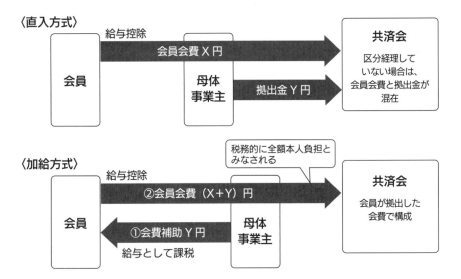

出所：可児俊信「共済会の実践的グランドデザイン」労務研究所

給方式があります。

　直入方式で相当部分を拠出していれば、福利厚生団体です。加給方式では、会員の給与から共済会費と拠出金相当額の合計額が控除され、共済会口座に入金されます。よって、共済会の事業費の全額を会員が負担していることになり、基礎要件3を満たしませんので、「人格のない社団」となります。

　福利厚生団体である共済会は、母体事業主と税制上一体とされるため、共済会からの給付には福利厚生税制が適用されます。

　福利厚生団体の要件を満たさない法人格のない共済会は、「人格のない社団」とされます。「人格のない社団」からの給付は、事業主からの給付とみなされず、福利厚生税制は適用されません。

3 共済会給付等にかかわる税制

(1) 共済会の法人種類等と税制

　共済会から給付される慶弔給付金品、貸付、補助、割引（以下、給付等といいます）によって、会員に経済的利益が発生します。経済的利益は、受益者の所得税等の課税対象となるのが原則です。しかし、共済会の給付等に関する所得税制は十分整備されていません。よって、本章では筆者の見解で課税・非課税の判断を示しています。図表9－12で、共済会の区分ごとに整理しました。福利厚生団体としての税制は、事業主の福利厚生税制と同じです。もうひとつは、法人格を持つ共済会または「人格のない社団」の税制です。

(2) 福利厚生団体である共済会からの給付等の税制

①基本的な考え方

　　福利厚生団体からの給付等は、母体事業主からの給付とされますので、福利厚生税制を適用します。

　　共済会費と母体事業主の拠出金が適正に区分経理されている共済会では、給付等の経済的利益のうち、母体事業主の拠出部分に相当する額は福利厚生税制を適用し、共済会費に相当する部分は「人格のない社団」の税制を適用します（所得税基本通達2－9）。

②慶事給付

　　結婚祝、出産祝等の金品は、所得税基本通達28－5にて、「使用者から役員または使用人に対し雇用契約等に基づいて支給される結婚、出産等の祝金品は、給与等とする。ただし、その金額が支給を受ける者の地位等に照らし、社会通念上相当と認めら

－ 246 －

図表 9 － 12　共済会の給付等の税制

事業内容		給付等	「人格のない社団」一般社団・財団法人	福利厚生団体
慶弔給付	慶事給付	本人成人祝金品	一時所得	非課税（所得税基本通達 28-5）とみられるただし、例示は結婚、出産のみ
		結婚祝金品		
		出産祝金品		
		入学祝金品		
		進学祝金品		
		子女結婚祝金品		
		銀婚祝金品		
		退会餞別金品		退職所得または非課税（所得税基本通達 28 － 5）ただし、例示なし
		永年勤続表彰		非課税（所得税基本通達 36-21）
	弔事給付	本人死亡弔慰金	非課税（相続税基本通達 3-20）	
		遺児育英年金	年金受給権：相続税（相続税法第 3 条第 6 号）	
			年金：雑所得	年金：非課税（所得税基本通達 9-2）
		家族死亡弔慰金	非課税（所得税法施行令第 30 条第 3 号）所得税基本通達 9 － 23	
		傷病見舞金		
		災害見舞金		
	補償給付	休業補償		
		医療費補償		
補助		介護支援	一時所得または雑所得	給与所得
		育児支援		
		余暇支援		
		自己啓発支援		
		情報提供支援		
		宿泊補助		非課税（所得税基本通達 36-29）
割引		宿泊施設提携	－	非課税（所得税基本通達 36-29）
		スポーツ施設提携		
貸付			経済的利益がないとみなされ非課税	非課税（所得税基本通達 36-28）

（注）非課税には所定の要件を満たすことで非課税となるものも含む

出所：可児俊信「共済会の実践的グランドデザイン」労務研究所

れるものについては、課税しなくて差し支えない。」とあります。なお、入学・進学祝金品を学資金として受け取る場合は、原則として課税対象となります（所得税基本通達9－14）。

退会餞別金は、勤務先の退職と同時に給付されるのであれば退職金の一部として退職所得とする考え方もあります。雇用区分の変更を原因として共済会を退会する場合は、他の慶事給付と同様の扱いになるとも考えられます。

永年勤続表彰の金品は、先述の所得税基本通達36－21に定める要件を満たすことで非課税となります。

③弔事給付・補償給付

大部分の弔事給付および補償給付は、所定の要件を満たすことで非課税となります。弔事給付および補償給付は、「心身または資産に加えられた損害につき支払を受ける相当の見舞金」（所得税法施行令第30条）にあたるとして非課税と考えられるためです。

所得税基本通達9－23には、「葬祭料、香典または災害等の見舞金で、その金額がその受贈者の社会的地位、贈与者との関係等に照らし社会通念上相当と認められるものについては、令第30条の規定により課税しない。」とされています。

会員本人が死亡したことで遺族が受け取る死亡弔慰金は、相続税の課税対象となりますが、死亡弔慰金額が普通給与の6カ月分（業務死亡の場合は36カ月分）以内であれば相続税は非課税とされています（相続税法基本通達3－20）。

共済会員である親が死亡した際に遺児が取得する遺児育英年金の年金受給権は、相続税の課税対象となります。年金受給権の相続税法上の評価額は、遺児が規程で定める所定の年齢に到

達するまで給付される年金額の合計額の現在価値に相当する額となります（相続税法第24条）。

　毎年受け取る遺児育英年金は使用者から給付されたものとみなされるため非課税となります（所得税法第9条第1項3号ロ、所得税基本通達9－2）。

(3)「人格のない社団」または一般社団・財団法人である共済会からの給付等の税制

①基本的な考え方

　共済会からの給付等は、母体事業主からの給付等ではありません。よって、生命保険会社からの保険金等が、一時所得（または年金であれば雑所得）であるのと同じように考えることができます。

②慶事給付

　所得税法が定める10種類の所得のなかでは、一時所得にあたると考えることができます。また、法人から贈与された金品（業務に関するもの、継続的なものを除く）は一時所得にあたるとの例示もあります（所得税基本通達34－1）。この場合、共済会を法人とします。他の一時所得とあわせて50万円の特別控除があり、共済会からの慶事給付が50万円を超えることは考えにくいため、他の一時所得がなければ特別控除の範囲内に収まり、結果として課税されません。

③弔事給付・補償給付

　遺児育英年金は、年金受給権が相続税の課税対象となります。所定の年齢に到達するまで毎年受け取る遺児育英年金は、年金受給権とは別に雑所得として所得税の課税対象となります。

一時所得 個人の所得は、10種類に分類され、そのうち「利子所得、配当所得、不動産所得、事業所得、給与所得、退職所得、山林所得及び譲渡所得以外の所得のうち、営利を目的とする継続的行為から生じた所得以外の一時の所得で労務その他の役務又は資産の譲渡の対価としての性質を有しないもの」をいう（所得税法第34条）。

算定式は、一時所得＝（給付額－必要経費－特別控除50万円）

雑所得 個人の所得のうち、利子所得、配当所得、不動産所得、事業所得、給与所得、退職所得、山林所得、譲渡所得および一時所得のいずれにも該当しない所得をいう（所得税法35条）。一時所得との違いは年度内に複数回または継続的に得る所得であること。

算定式は、雑所得＝給付額－必要経費。

公的年金・企業年金の年金は必要経費として公的年金等控除を用いる。

所得税法では、年末調整を受けた給与所得者は、退職所得と給与所得を除いた他の所得が20万円以下であれば確定申告不要（第121条）。

第9章 福利厚生と税制等

❸ 保険者からの給付にかかわる税制

　健康保険組合、国家・地方公務員共済組合、私立学校教職員共済等の保険者が行う付加給付や保健事業、福祉事業は、図表9－13に示す各根拠法において、「給付として支給を受ける金品を標準として、（公課を）課することができない」とされており、非課税と考えられます。

図表9－13　保険者からの給付に関する税制

■ 健康保険法
　（租税その他の公課の禁止）
　第六十二条　租税その他の公課は、保険給付として支給を受けた金品を標準として、課することができない。

■ 国家公務員共済組合法
　（公課の禁止）
　第五十条　租税その他の公課は、組合の給付として支給を受ける金品を標準として、課することができない。ただし、退職共済年金及び休業手当金については、この限りでない。

■ 地方公務員等共済組合法
　（公課の禁止）
　第五十二条　租税その他の公課は、組合の給付として支給を受ける金品を標準として、課することができない。ただし、退職共済年金及び休業手当金については、この限りでない。

■ 私立学校教職員共済法
　（国家公務員共済組合法の準用）
　第二十五条　この節に規定するもののほか、短期給付及び退職等年金給付については、国家公務員共済組合法（中略）第四十九条から第五十一条まで、（中略）読み替える（後略）。

－ 251 －

４ カフェテリアプランの税制

　事業主が実施するカフェテリアプランは、消化したポイント相当額が福利厚生費として非課税となるか、給与所得として所得税の課税対象となるかが定められています。

　なお、共済会や職員互助会、健康保険組合等が実施するカフェテリアプランの税制は、後に触れます。

1 カフェテリアプランの福利厚生要件

　カフェテリアプランの税制は、①カフェテリアプラン制度自体が税制上福利厚生制度とみなされるかどうか、さらに福利厚生であるとみなされれば、その上で②メニューごとに福利厚生とみなされるか（非課税）、給与所得とみなされるか、の２段階です。

　制度自体が福利厚生となる要件は、ポイントが特定の従業員に片寄ることなく付与されていることです。国税庁HP「質疑応答事例」源泉所得税19（図表9-14）にて、「従業員にとって均等なものでなければならない」とされており、対象者は原則として従業員全員です。ただし、正社員および嘱託のみに限る等、雇用形態で普遍的・合理的に制限することは広く行われています。

　付与ポイントも原則として均等に付与することが要件と解されます。「役員・従業員の職務上の地位や報酬額に比例してポイントが付与される場合」は、メニューの内容にかかわらず給与所得としています。例えば、資格等級や職位に応じてポイントに差を付けたり、基本給の所定割合を付与ポイント数としたりすると給与とみなされま

－ 252 －

第9章　福利厚生と税制等

図表9－14　質疑応答事例（源泉所得税19）

カフェテリアプランによるポイントの付与を受けた場合

【質疑要旨】

　A社は、福利厚生のアウトソーシングサービス会社と契約して、ポイント制のカフェテリアプランを導入する予定です。このカフェテリアプランでは、全従業員に年間50,000ポイント（50,000円相当）が付与され、従業員は、付与されたポイントの範囲内で、一定の利用要件に従いあらかじめ定められた各種健康診断の費用の補助や映画・観劇チケットの購入代金の補助など約50のメニューの中から選択してサービスを受けることができますが、残ポイントを次年度に繰り越したり、現金で精算することはできません。

　このようなカフェテリアプランの下で従業員にポイントが付与された場合、そのポイントの付与時に経済的利益を受けたものとして課税関係が生じることになりますか。

【回答要旨】

　従業員に付与されるポイントに係る経済的利益については、原則として従業員がそのポイントを利用してサービスを受けたときに、そのサービスの内容によって課税・非課税を判断することになります。

　カフェテリアプランのメニューの中には、課税扱いと非課税扱いが混在していますが、メニューの各項目は、一定の要件に該当しなければサービスを受けられないものであり、また、そのサービスを受けられないことによって金銭が支給されるものではありませんので、従業員に付与されるポイントについては、現に従業員がそのポイントを利用してサービスを受けたときに、その内容に応じて課税・非課税を判断するものとして差し支えないと考えられます。

　ただし、企業の福利厚生費として課税されない経済的利益とするためには、役員・従業員にとって均等なものでなければならないことから、役員・従業員の職務上の地位や報酬額に比例してポイントが付与されるものは、カフェテリアプランのすべてについて課税することとなります。また、課税されない経済的利益は企業から現物給付の形で支給されるものに限られますので、ポイントを現金に換えられるなど換金性のあるカフェテリアプランは、そのすべてについて課税することとなります。

出所：国税庁ＨＰ

す。

　ただし、一律付与ポイントに加算して、特定の年齢・勤続年数の対象者にポイントを加算する事例は多くあります。これを活用すれば、永年勤続表彰や定年退職者表彰をカフェテリアプランに組み込

－ 253 －

むことが可能です。従来制度での旅行券等の金額に相当するポイント数を当該年度に付与します。

　また、付与されたポイントを現金に交換できる制度があれば、税制上カフェテリアプランではなく給与とみられます。ポイント付与か、または同等の現金手当を選択できる制度や年度末の残ポイントを対象者に現金で支給する制度も同様です。

2　メニューごとの非課税要件

　制度が福利厚生要件を満たせば、特定の分野のメニューに消化されたポイント相当額は福利厚生費として非課税となります。非課税となるメニュー分野は、医療費補助メニュー、介護費用補助メニュー、従業員本人の疾病予防費用補助メニュー、所定額以内の昼食費補助メニューです。

（1）医療費補助メニュー

　医療費補助メニューは、図表9－15の質疑応答事例の源泉所得税21にある傷病に基因する医療費であれば非課税です。これは、医療費に対する補助として所得税施行令第30条「心身や財産に加えられた損害に対する見舞金」にあたるためです。

　医療費の範囲は、所得税の医療費控除と同じです。よって、その範囲は広く、保険適用外の医療費や医師の指示のないドラッグストアで購入した風邪薬等、病院への公共交通機関による通院費、妊娠・出産に伴う検査代、所定の通院代まで対象となります。従業員本人の医療費だけでなく、生計を一にする家族・親族の医療費も対象となります。

－ 254 －

第9章　福利厚生と税制等

図表9－15　質疑応答事例（源泉所得税21）

カフェテリアプランによる医療費等の補助を受けた場合

【質疑要旨】
　Ａ社のカフェテリアプランのメニューには、健康サポートとして、神経症、精神病、アルコール中毒等の早期発見、再発防止などに係る費用の補助や、医師の診断に基づく健康増進施設・運動療養施設の利用費用を実費の範囲内（年間50,000円が限度）で補助するものがありますが、この健康サポートを利用することにより従業員が受ける経済的利益の課税関係はどのようになりますか。

【回答要旨】
　健康サポートのメニューが、従業員の健康管理の必要から一般に実施されている健康診断である場合には、課税しなくて差し支えありません。
　また、健康サポートのメニューに係る費用が、所得税法第73条に規定する「医療費」に該当する場合には、課税しなくて差し支えありません。

　雇用主に対しては、役員又は従業員の健康管理の必要から、一般的に実施されている人間ドック程度の健康診断の実施が義務付けられていることなどから、健康サポートのメニューが従業員等の健康管理の必要から一般に実施されている健康診断である場合には、課税しなくて差し支えありません。
　また、健康サポートのメニューに係る費用が所得税法第73条に規定する「医療費」に該当する場合には、当該費用に係る経済的利益については、傷病に基因することが明らかであり、また、実費の範囲内かつ年間50,000円が限度とされていることから、この程度の金額であれば所得税法施行令第30条第3号に規定する「見舞金」に類するものとして、課税しなくて差し支えありません。ただし、この場合の補助は医療費を補てんするものですから、医療費控除の金額の計算上、支払った医療費の金額からこの補助により補てんされる部分の金額を除く必要があります。

出所：国税庁ＨＰ

(2) 介護費用補助メニュー

　質疑応答事例では言及されていませんが、傷病に基因する介護において発生する費用を補助するメニューも非課税と考えられます。介護は転倒や認知症、生活習慣病を原因とし、ほとんどが傷病に基因します。よって、医療費補助メニューと同じく所得税施行令第30条が適用されます。1995年（日本で初めてカフェテリアプランが導

－ 255 －

図表9－16　国税速報（抜粋）

6　ホームヘルパー利用補助
　ホームヘルパー利用補助については、一般にホームヘルパーが家事の代行人であり、療養上、直接必要なものとは認められません。しかし、本人又は家族が傷病によりホームヘルパーを必要とし、その対価の一部を補助するものであれば、医療費補助と性質的には何ら変わらないものと思われます。また、その支出額も、既に受給者によって支出済のものの一部に限定され、低額であると認められる場合には、医師の診断書等を提出させるなど傷病に起因することについて担保されるものである限り、医療費補助と同様に取り扱って差し支えないものと思われます。

　出所：1995年11月13日付国税速報 〝カフェテリアプランの税務上の取扱いについて〟

入された年）の「国税速報」（図表9－16）にて、介護に伴うホームヘルパーの利用補助メニューについて家族も含め見舞金に相当するとして、医療費補助メニューに準じて非課税とされています。

（3）従業員本人の疾病予防費用補助メニュー

　従業員本人の疾病予防費用補助メニューも、質疑応答事例の源泉所得税21（図表9－15）によって非課税です。事業主に「職場における労働者の安全と健康を確保」する責務があり、事業運営上必要な経費の負担があるためです。疾病予防の対象者は、従業員本人に限られ、家族は含まれません。これは、健康と安全を確保する必要性のある対象者が労働者であるためです。

　疾病予防費として、人間ドックが例示されています。質疑応答事例の源泉所得税21（図表9－15）では「一般的に実施されている」健康管理であるとされており、成人病ドック、女性検診、インフルエンザ等の予防接種、メンタルカウンセリングサービス等も広く実施されていることから含まれると考えられます。

(4) 食事補助メニュー

食事補助メニューを非課税とできます。先述の所得税基本通達36－38の2（食事の支給による経済的利益はないものとする場合）（図表9－5）を活用し、従業員の1カ月の昼食費用のうち、その半額以内かつ3,500円以内の金額をポイントで補助する昼食費補助メニューは非課税になります。昼食の社員食堂に限れば、そこでの喫食実績は捕捉でき、その半額までをポイント申請できるメニューは運用可能です。

(5) 永年勤続表彰メニュー

永年勤続表彰制度をカフェテリアプランに移行し、永年勤続該当年度のみ、基本ポイントに加えて、永年勤続加算ポイントを所得税基本通達36－21に規定する旅行、観劇等、記念品にのみ消化した場合は、非課税になると考えられます。

(6) その他のメニュー

上述以外のメニューには、福利厚生費として非課税とする根拠はありません。具体的には、質疑応答事例（源泉所得20）（図表9－17）によって、リフレッシュメニュー（旅行費用、レジャー用品等の購入代、映画・観劇チケットやスポーツ観戦チケットの購入代）、自社製品購入費用補助メニューについて、給与所得として課税されるとされています。

図表 9 - 17　質疑応答事例（源泉所得税 20）

カフェテリアプランによる旅行費用等の補助を受けた場合

【質疑要旨】

　A社のカフェテリアプランには、次のようなメニューがありますが、これらのメニューを利用することにより従業員等が受ける経済的利益の課税関係はどのようになりますか。

(1) リフレッシュメニュー

　　旅行費用、レジャー用品等の購入代、映画・観劇チケットやスポーツ観戦チケットの購入代を一定限度額（10,000 円）まで補助するものです。

　　なお、契約している福利厚生施設等を利用する場合には、全従業員等一律の割引料金（契約料金）から更にポイントを利用することができます。

(2) 自社製品購入

　　従業員等に対しては、通常販売価額の 70％相当額で自社製品を販売していますが、この金額から更にポイントを利用して自社製品を購入することができます。

【回答要旨】

　いずれのメニューも、利用したポイントに相当する金額について、そのポイントを利用した時の給与等として課税対象となります。

(1) リフレッシュメニュー

　　照会のリフレッシュメニューは、使用者が企画・立案したレクリエーション行事のように従業員等に対して一律にサービスが供与されるものではなく、ポイントを利用する従業員等に限り供与されるものであることから、個人の趣味・娯楽による旅行等の個人が負担すべき費用を補てんするものと認められ、給与等として課税対象となります。

　　なお、契約施設を利用した場合の一般料金と割引料金の差額については、全従業員等が一律に供与を受けるものである限り、課税しなくて差し支えありません（所得税基本通達 36-29）。

(2) 自社製品購入

　　個人が負担すべき購入代価をA社が負担するものと認められますので、給与等として課税対象となります。

　　なお、このメニューを利用した場合には、値引率が 30％を超えることとなりますので、原則として値引額全体が課税対象となりますが（所得税基本通達 36 - 23）、自社製品を一定の条件で値引販売することが確立している場合には、個人が負担すべき購入代価をA社が負担した部分、すなわちポイント利用相当額のみを課税対象として差し支えありません。

出所：国税庁ＨＰ

第9章 福利厚生と税制等

3 事業主以外が実施するカフェテリアプランの税制

(1) 共済会のカフェテリアプラン

　共済会のカフェテリアプランは、税制上、福利厚生団体であれば、事業主の福利厚生とみなされますので、事業主のカフェテリアプランの税制が適用されます。「人格のない社団」である共済会であれば、医療費補助メニュー、介護費用補助メニューは所得税法施行令第30条の見舞金にあたり非課税と考えられますが、それ以外のメニューは、一時所得または雑所得とみなされます。

　なお、共済会に母体事業主の拠出金がない場合は、非課税とみることも可能です。

(2) 職員互助会等のカフェテリアプラン

　職員互助会・互助組合（職員互助会等）のカフェテリアプランは、税制についてまとまった資料・文書等は見当たらないため、これまで筆者がカフェテリアプラン導入のコンサルティングの過程で収集した事例をもとにします。

　職員互助会等は、事業主ではないため、カフェテリアプランによる給付は、給与所得ではなく雑所得とする見解がほとんどです。ポイント消化したメニューにかかわらず、消化したポイント相当額のうち、所定の計算式に基づいて算出された額は雑所得として所得税の課税対象となります。

　職員互助会等の財源は、給与控除での会費と、交付金で賄われています。雑所得の対象となるのは、交付金から賄われているとみなされる金額です。具体的な算出過程には、図表9－18にある方式が例示されたことがあります。

－ 259 －

図表9－18　職員互助会の雑所得金額算出方法例

■交付金割合から算定
　消化ポイントのうち交付金が原資とみなされる金額を課税対象とする。
　課税対象額＝消化ポイント相当額×交付金比率
■必要経費から算定
　消化ポイントのうち本人拠出額とみなされる金額を必要経費として控除する。
　課税対象額＝消化ポイント相当額－必要経費（本人拠出額に相当する額）

注：個別税務署でのヒアリング結果をもとに、筆者作成
出所：可児俊信「福利厚生の理論と活用」労務研究所

(3) 保険者のカフェテリアプラン

　健康保険組合、国家・地方公務員共済組合、私立学校教職員共済が実施するカフェテリアプランは、健康保険法第62条、国家公務員共済組合法第50条、地方公務員共済組合法第52条、私立学校教職員共済法第25条により、非課税と考えることができます。

5 社会保険、労働保険と給付

1 社会保険における給付等の扱い

　社会保険の保険料の算定基礎となる報酬とは、「賃金、給料、俸給、手当、賞与その他名称を問わず、労働者が、労働の対償として受けるすべてのもの」(健康保険法第3条)とされています。

　日本年金機構のウェブサイト等で、事業主が給付する金銭(通貨)および現物のうち、報酬にはあたるもの、あたらないものを列挙しています(図表9-19)。通貨で受け取る恩恵的で継続支給されない病気見舞金、災害見舞金、結婚祝金等の慶弔費は報酬にあたらないとしています。

　逆に、現物報酬にあたるものとして、食事、社宅、勤務服があります。ただし、事業主が提供する食事において、その費用に所定額以上の従業員の自己負担額が含まれていれば、事業主の補助は報酬とはみなされません。

　社宅も同様で、社宅の賃料を事業主が負担していても、入居者も所定額以上の社宅使用料を負担していれば、社宅は現物報酬としてみなされません。社会保険上は、社宅の現物報酬としての価額は、図表9-20に示すように「標準価額」として算定されます。社宅使用料が標準価額以上であれば、社宅は現物報酬にあたりません。標準価額以下であれば、「標準価額」と社宅使用料の差額が報酬に含まれます。

- 261 -

図表 9 - 19　厚生年金保険における報酬の定義と例

（1）報酬

　厚生年金保険で標準報酬月額の対象となる報酬は、次のいずれかを満たすものです。

　（ア）被保険者が自己の労働の対償として受けるものであること。

　（イ）事業所から経常的かつ実質的に受けるもので、被保険者の通常の生計にあてられるもの。

（2）報酬の例

　厚生年金保険で標準報酬月額の対象となる報酬は、基本給のほか、能率給、奨励給、役付手当、職階手当、特別勤務手当、勤務地手当、物価手当、日直手当、宿直手当、家族手当、休職手当、通勤手当、住宅手当、別居手当、早出残業手当、継続支給する見舞金等、事業所から現金又は現物で支給されるものを指します。

　なお、年4回以上支給される賞与についても標準報酬月額の対象となる報酬に含まれます。

出所：日本年金機構HP（「事業主の方」「厚生年金の保険料」）

◆報酬となるもの、ならないもの

	報酬となるもの	報酬とならないもの
通貨で支給されるもの	・基本給（月給、週給、日給など） ・諸手当（残業手当、通勤手当、住宅手当、家族手当、役付手当、勤務地手当、宿日直手当、勤務手当、能率手当、精勤手当、休業手当、育児休業手当、介護休業手当、各種技術手当など） ・賞与等（年4回以上支給のもの）	・病気見舞金、災害見舞金、慶弔費など ・解雇予告手当、退職金など ・出張旅費、交際費など ・年金、恩給、健康保険の傷病手当金、労災保険の休業補償給付など ・賞与等（年3回以下支給のもの）
現物で支給されるもの	・食事、食券など ・社宅、独身寮など ・通勤定期券、回数券 ・被服（勤務服でないもの） ・給与としての自社製品など	・食事（本人からの徴収金額が、標準価額により算定した額の3分の2以上の場合） ・住宅（本人からの徴収金額が、標準価額により算定した額以上の場合） ・被服（事務服、作業服等の勤務服など）

※定期券代などについては、消費税を含めた金額を報酬として算入することになります。

出所：東京社会保険協会「算定基礎届・月額変更届の手引き」

図表9－20　社会保険上の現物給与（住宅）の標準価額

- 社宅受益は標準価額を社会保険料算定対象に含める。
- 標準価額＝居住畳数×都道府県別の畳単価

住宅で支払われる報酬等

〈居住帖数の数え方〉

価額の算出に当たっては、居間、茶の間、寝室、客間、書斎、応接間、仏間、食事室など居住用の室を対象とします。そのため、玄関、台所（炊事場）、トイレ、浴室、廊下、農家の土間など、また、店、事務室、旅館の客室などの営業用の室は含めないことになります。

【例】

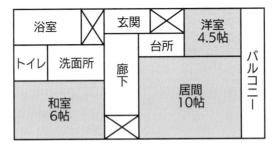

□ の部分が対象になります。

厚生労働大臣告示による価額（2018年4月）抜粋　　　　　　　　　　　　　　（円）

	都道府県名	畳単価		都道府県名	畳単価		都道府県名	畳単価
1	北海道	1,000	17	石川県	1,250	33	岡山県	1,270
2	青森県	940	18	福井県	1,160	34	広島県	1,320
3	岩手県	1,030	19	山梨県	1,230	35	山口県	1,040
4	宮城県	1,380	20	長野県	1,150	36	徳島県	1,100
5	秋田県	1,010	21	岐阜県	1,180	37	香川県	1,130
6	山形県	1,180	22	静岡県	1,410	38	愛媛県	1,080
7	福島県	1,070	23	愛知県	1,470	39	高知県	1,050
8	茨城県	1,270	24	三重県	1,200	40	福岡県	1,310
9	栃木県	1,310	25	滋賀県	1,360	41	佐賀県	1,080
10	群馬県	1,170	26	京都府	1,670	42	長崎県	1,070
11	埼玉県	1,750	27	大阪府	1,620	43	熊本県	1,120
12	千葉県	1,700	28	兵庫県	1,460	44	大分県	1,080
13	東京都	2,590	29	奈良県	1,170	45	宮崎県	1,030
14	神奈川県	2,070	30	和歌山県	1,080	46	鹿児島県	1,040
15	新潟県	1,280	31	鳥取県	1,110	47	沖縄県	1,110
16	富山県	1,200	32	島根県	1,030			

出所：東京社会保険協会「算定基礎届・月額変更届の手引き」

2 労働保険における給付等の扱い

　労働保険（労災保険、雇用保険）の保険料の算定基礎となる賃金とは、「賃金、給料、手当、賞与その他名称の如何を問わず、労働の対償として事業主が労働者に支払うもの（通貨以外のもので支払われる

図表9－21　労働保険料等の算定基礎となる賃金早見表（例示）

賃金総額に算入するもの	賃金総額に算入しないもの
・基本給・固定給等基本賃金 ・超過勤務手当・深夜手当・休日手当等 ・扶養手当・子供手当・家族手当等 ・宿、日直手当 ・役職手当・管理職手当等 ・地域手当 ・住宅手当 ・教育手当 ・単身赴任手当 ・技能手当 ・特殊作業手当 ・奨励手当 ・物価手当 ・調整手当 ・賞与 ・通勤手当 ・定期券・回数券等 ・休業手当 ・雇用保険料その他社会保険料（労働者の負担分を事業主が負担する場合） ・住居の利益（社宅等の貸与を受けない者に対し均衡上住宅手当を支給する場合） ・いわゆる前払い退職金（労働者が在職中に、退職金相当額の全部又は一部を給与や賞与に上乗せするなど前払いされるもの）	・休業補償費 ・結婚祝金 ・死亡弔慰金 ・災害見舞金 ・増資記念品代 ・私傷病見舞金 ・解雇予告手当（労働基準法第20条の規定に基づくもの） ・年功慰労金 ・出張旅費・宿泊費等（実費弁償的なもの） ・制服 ・会社が全額負担する生命保険の掛金 ・財産形成貯蓄のため事業主が負担する奨励金等（労働者が行う財産形成貯蓄を奨励援助するため事業主が労働者に対して支払う一定の率又は額の奨励金等） ・創立記念日等の祝金（恩恵的なものでなく、かつ、全労働者又は相当多数に支給される場合を除く） ・チップ（奉仕料の配分として事業主から受けるものを除く） ・住居の利益（一部の社員に社宅等の貸与を行っているが、他の者に均衡給与が支給されない場合） ・退職金（退職を事由として支払われるものであって、退職時に支払われるもの又は事業主の都合等により退職前に一時金として支払われるもの）

出所：厚生労働省ＨＰ「労働保険の申告・納付」

－ 264 －

ものであって、厚生労働省令で定める範囲外のものを除く）をいう」
とされています（労働保険徴収法第2条）。

　厚生労働省のウェブサイト等では、賃金にあたらない金銭として
休業補償費、結婚祝金、死亡慶弔金、災害見舞金、私傷病見舞金、年
功慰労金等が列挙されています（図表9－21）。

　住宅支援に関しては、住宅手当は賃金とされています。社宅は原
則として現物賃金ではありませんが、社宅に入居していない従業員に
対して、代替的に手当を支給している場合は、社宅は賃金とみなされ
ます。

3　社会保険・労働保険とカフェテリアプラン

(1) 社会保険

　消化したポイント相当額が、社会保険料の算定基礎である報酬に
あたるかどうかは、日本年金機構のHPに、社会保険労務士向けの
「主な疑義照会と回答について」「カフェテリアプランの取扱いにつ
いて」に掲載されています（図表9－22）。

　それによれば、消化されたポイントは報酬に含まれます。ただし、
どのように算定して報酬に含めるかについては回答されていません。

(2) 労働保険

　消化したポイント相当額が、労働保険料の算定基礎である賃金に
あたるかどうかは、東京労働局のHPのFAQに掲載されています。

　それによると、個々のメニューごとに異なるとされており、賃金に
あたる例として、家賃補助、通勤補助が例示され、あたらない例とし
て、財産形成の補助、自己啓発の補助が例示されています。これは、

図表9－22　カフェテリアプランのポイント消化額と報酬または賃金との関係

〈社会保険〉
日本年金機構のHPより

◎質問（内容）

　　従業員が、住宅補助・医療費補助などの福利厚生的な手当てを一定のポイントの範囲で、設定されたメニューから自由に選べる制度（カフェテリアプラン）を事業所が採用している場合の報酬の取扱いについて、ご教示願います。

●回答

　　カフェテリアプランのメニューは、多種多様でありますが、給与規程等に基づいて使用者が経常的（定期的）に被用者に支払うもの、また恩恵的に支給するものであっても、労働協約等に基づいて支給されるもので、経常的（定期的）に支払われる場合は報酬等に該当することから、当該カフェテリアプランが労働者に対して、就業規則や労働協約等によりあらかじめ定められたプラン及びポイントに基づき給付が行われたものであれば、その給付は報酬に含まれるものとなります。

　　なお、サービスを受けた場合における報酬への算入は、一般的にポイントを金額に換算して費用を算出することとなりますが、ポイントを金額に換算できなければ、具体的な事例により、その時々において一般に取引されている実際の価格（市場価格等）を用いることとなります。

〈労働保険〉
東京労働局のHPより

◎ Q16.　当社では、手当について選択メニューを提示して、その中から従業員本人が選択するいわゆる「カフェテリアプラン」の導入を考えています。この制度に基づく給付は労働基準法の賃金に該当しないと考えてよいでしょうか。

● A.　一般的には、「カフェテリアプラン」とは「会社が福利厚生をメニューとして提示し、従業員が予め与えられたポイントの枠内で選択する制度」とされています。労働基準法では、使用者が労働者に支給するものであって、支給条件が明確で、かつ、労働の対価と認められるものを賃金とします。賃金であれば、支払方法や割増賃金の基礎の算入等が法律上義務付けられることとなります。貴社が用意する選択メニューが、財産形成を目的とする住宅ローンの利子補給、自己啓発を目的とする通信教育補助等の場合は、福利厚生と考えられますので労働の対価とは認められず賃金には該当しません。しかし、家賃補助や通勤補助等の場合は、実質的には賃金とみなされます。以上のように、賃金か否かの判断は、「カフェテリアプラン」において提示される個々の給付内容に応じて判断することとなります。なお、税法上の給与所得の取扱は別となりますのでご注意ください。

労働保険徴収における賃金の範囲と酷似しており、定期的に支払われ、実質的に賃金と変わらない福利厚生は賃金とされ、恩恵的に支払われるものは賃金にはあたらないと考えられます。

第10章
これからの福利厚生

❶ 従業員へのライフプラン支援の推進

1 人口動態の変化がもたらすライフプラン支援

　2003年からの景気回復に伴う人手不足の時期には、ワーク・ライフバランスを推進・支援する福利厚生が求められました。リーマンショック、東日本大震災を経て2013年から始まった人手不足の時期には、「健康経営」を推進する手段としてヘルスケア支援の福利厚生が求められました。

　次に、本格化するのが、ライフプラン支援です。従業員の自助努力によるライフプランニングを側面から支援する福利厚生が重視されます。具体的には、キャリアプラン支援とリタイアメント・プラン支援です。ワーク・ライフバランス支援は、国策である少子化対策と表裏一体です。ヘルスケア支援も、高齢化によって国民医療費が増加していることへの対策でもあります。いずれも人口動態の変化が背景にあります。同時に、長寿化がもたらすものがライフプラン支援です。2017年から「人生100年時代」といわれ始め、老後がますます長くなります。

2 リタイアメント・プラン支援

　老後が長くなると、公的年金と退職金・企業年金だけでは十分な生活費が得られないのは明らかです。すると、従業員は、不足する老後生活資金を自助努力で準備しなければならず、事業主もそれを支援します。これが、リタイアメント・プラン支援です。事業主は金銭

補助での支援は負担増となり、困難であることから、自助努力の機会の提供や情報提供での支援となります。

(1) 自助努力の機会の提供

　従前からあるリタイアメント・プラン支援の手段は、財形年金貯蓄と従業員拠出型企業年金です。手段の選択肢が拡大したのが、2017年1月からのiDeCo（個人型年金）の加入資格の拡大です。60歳未満の公的年金被保険者であれば、原則だれでも加入できるようになりました。さらに、加入者掛金の全額が所得控除となる等、国としても積極的に加入を促進する制度としています。2018年5月からは、中小事業主掛金納付制度（iDeCoプラス）という小規模企業の従業員にはさらに有利な制度が開始されました。

　iDeCoは、本来は従業員が自発的に加入するものですが、事業主が、この制度を従業員に積極的に周知し、加入率を高めていくことができます。財形年金貯蓄や従業員拠出型企業年金の魅力が低金利の長期化で弱くなっているなかで、自助努力手段の柱となります。

(2) ライフプラン情報の提供

　こうした老後生活資金の自助努力による準備の必要性は、従業員には伝わりにくいです。老後生活資金を準備しようと積極的に考える従業員は多くありません。その理由は、老後生活資金に関する情報のなさです。

　従業員には、老後生活にいくらかかるかまったく分かりません。どのような生活水準で生活するのか、何歳まで生きるのか、夫婦どちらが長生きするのか、住宅費はいくらかかるのか、それらの見当がつかない以上、老後生活費の総額は分かりません。一方、収入として期待

される公的年金の年金額も、今後いくら支給されるか分かりません。退職金・企業年金の支給額も、確定拠出年金やキャッシュ・バランス・プランが普及するにつれて、受給額の見込みがつきにくくなっています。

　老後生活資金の必要準備額＝老後生活費の総額

　　－公的年金の支給総額－退職金・企業年金の受給総額

　ですから、右辺の額の見込みがつかなければ左辺の額も分かりません。よって、準備の目標額が定まらないのです。

　余談ですが、日本では、「貯蓄から投資へ金融資産が移行しない」「日本人は投資リスクをとらない」といわれます。これは当然のことで、目標額が分からないのに、リスクをとってまで目標とする運用利回りを目指すことはありません。元本を減らさないことの方が重要なはずです。

　よって、従業員に老後生活資金、子女の教育資金、住宅取得資金等の必要額や必要時期を啓発することが第一歩です。

　こうしたライフプラン情報の提供による支援は、ライフプランセミナーという形で行われています。しかし、ライフプランセミナーは、集合形式であるため、「1名あたりのコストが高い」「1回のセミナーの人数に限りがある」「ライフプランは1人ひとり異なるはずなのに、画一的になってしまう」「セミナー後に期間が経過すると資金準備のモチベーションが下がってしまう」という課題があります。

　この課題を解決するために、ＡＩやスマホ等の技術・デバイスを活用し、低コストで、かつ一斉にでき、1人ひとりの異なる事情に対応でき、継続的にモチベーションを保てる新しい手法・福利厚生制度が求められ、普及していくでしょう。

3 キャリアプラン支援

　長寿化によって老後期間が長くなると、収入を得るため、またはやりがいや生きがいのために、仕事をすることになります。そのためには、現役時代のキャリアをさらに磨いて、社外でも通用するキャリアを形成する方法と、65歳以降において社外で役に立つキャリアを身に付ける方法があります。

　これらを得る機会のひとつが、兼業・副業（複業）です。他の職場で働けば、同じスキルであっても応用が求められ、より実践的になります。また、自分のスキルやキャリアの市場性も分かってきます。事業主として、兼業・副業を支援し、就業規則で認めることはいうまでもありません。

　福利厚生制度としては、キャリア開発やリカレント教育のための長期休暇制度、雇用保険の教育訓練給付金制度に連動・上乗せした自己啓発補助制度、兼業・副業者のための就業規則の制定、確定申告支援サービスの紹介等があります。

2 福利厚生アウトソーサーの役割拡大

1 中小企業の福利厚生支援

　福利厚生アウトソーシングの代表である福利厚生パッケージのビジネスモデルの原型は、自治体が中小事業主向けに実施している中小企業勤労者福祉サービスセンターにあります。加入事業主が従業員数に応じて会費をサービスセンターに支払うことで、従業員はサービスセンターが提供する慶弔給付や余暇・生活関連の福利厚生を割引で受益できる仕組みです。

　原則として自治体内の事業主に限られることと、従業員規模が中小企業以下であること等の制約が、民間の福利厚生パッケージとの大きな違いとなっています。

　自治体内の事業主しか加入できないことで、政令市のサービスセンターはともかく、多くの自治体では、会費収入だけでは十分なスケールメリットを得られない状況にあります。

　これからも中小企業の福利厚生支援において、サービスセンターの果たす役割は大きいと考えられます。しかし、中小企業数の減少や自治体からの事業に対する補助金の削減等、サービスセンターを取り巻く環境は厳しいものがあります。

　一方で、福利厚生パッケージを提供している福利厚生アウトソーサーは、これまで大企業や官公庁にサービスを提供してきましたが、今後は中堅・中小企業へも福利厚生サービスを拡大していくことになります。しかし、アウトソーサーは、地域の中小企業に対する接点が薄いことから、両者で連携して、福利厚生サービスの開発や法人

会員獲得のノウハウを取り込むことで、サービスの魅力付けと会員の獲得を図っていくことが望ましいと考えられます。

2 人材サービスの広範囲な業務受託

総合型福利厚生アウトソーサーは、福利厚生業務の受託から発祥しました。次第に、福利厚生パッケージやカフェテリアプラン以外の福利厚生サービス、給与計算、研修、報奨制度の運営といった福利厚生以外の人事サービスの提供にまで事業が拡大しています。

幅広く人事サービス受託に取り組んでいるベネフィット・ワンの取り組み事例をみてみます。人事サービスを報酬の種類の観点で区分すると、給与・賞与、退職金・企業年金、法定福利（社会保険）、福利厚生に区分できます。同社では、給与計算業務を受託しています。退職金分野では、企業年金基金（給付はキャッシュ・バランス・プラン）を運営しています。福利厚生では、福利厚生パッケージの提供、カフェテリアプランの運営管理受託の他、福利厚生のコンサルティングを行うシンクタンクも保有し、幅広い受託を目指しています。社宅管理は大手と資本・業務提携しています。報奨制度や研修や人材教育、人事評価業務等の受託にまで拡大しています。法定福利分野では、健康保険組合・共済組合等の、メタボ保健指導、データヘルス計画の立案・実行等も支援しています。

他の総合型福利厚生アウトソーサーも、自社の強みを生かしながら業務範囲を拡大しています。福利厚生アウトソーサーが広範囲な受託をすることによる顧客の利点は2つあります。まずは、スケールメリットです。個々の業務の委託に比べ、委託料が割安になると見込まれます。さらに、窓口の一本化による事務負担の軽減です。も

うひとつは、スコープメリットです。これは、受託業務間でのシナジー効果を期待するもので、スケールメリットが規模の経済性と呼ばれるのに対して、範囲の経済性といわれるものです。一元的に人事データを受託し、個人情報の安全管理を前提に、各従業員等の業務、研修、福利厚生利用等の行動特性を通じたタレントマネジメントやコンピテンシーの抽出が可能となり、顧客企業の人材レベルのさらなる向上が期待できます。

　人事サービスの専門会社は、給与計算、研修、人事制度のコンサルティング、社会保険事務の受託等、専門分野のみの受託にとどまっており、このように幅広く人事サービスを受託する企業はありませんでした。今後、人事制度の事務運営にあたって、より一元的に業務を受託することで、福利厚生分野を超えた役割を発揮すると考えられます。

❸ 今後のカフェテリアプランの役割

　カフェテリアプランは、従業員等の多様なニーズに対応できる制度であり、事業主が福利厚生利用を費用面で補助する制度としても認知されています。カフェテリアプランが持つ、一定の予算内で、利用者の多様なニーズに応え、事業主が補助する仕組みには、次のような発展が期待されます。

　福利厚生だけでなく、給与・賞与、企業年金、福利厚生に至る報酬全体を管理の対象とし、事業主はその総額を従業員等に提示し、受け取る側は、自らのライフプランに応じて、給与、福利厚生、住宅、企業年金への配分を決定できる仕組みが究極のカフェテリアプランです。

　従業員等のライフプランを取り巻く経済的環境は厳しいものがあります。すると、与えられた一定の報酬総額を自身の判断でライフプランに応じて分配することで、限られた原資を有効活用できます。今の生活に使う給与の一部を企業年金の掛金の積み増しに振り替える、給与の一部を社宅費用に振り替えて住生活の水準を高める、給与控除で拠出した確定拠出年金の加入者掛金をカフェテリアプランの付与ポイントで補てんする、これらがその一例です。

　ただし、こうした報酬の振替を進めるには、税制・法制の柔軟性が求められます。現行税制では、給与の一部をカフェテリアプランの付与ポイントに振り替えようとすると、カフェテリアプラン自体が給与課税されてしまいます。また、カフェテリアプランのポイントを直接、確定拠出年金の掛金とすることは、確定拠出年金法の運用上、認められていません。従業員本人の判断で報酬間の振替が可能になる

と、それぞれ税制や社会保険上の取扱いが異なるため、振替の仕方によっては不公平が生じることが理由です。今後は、最適な報酬配分の観点から、柔軟な一定の振替ルールの許容が求められます。

おわりに

　筆者は、福利厚生の変化は、常に想定より早いと考えています。

　筆者は、1988年にニューヨーク市に1年間駐在し、米国企業の福利厚生の調査を行っていました。そのなかで、医療費負担抑制のためにフレキシブル・ベネフィット・プラン（カフェテリアプラン）と401(k)プランに興味を持ちました。「自分で選ぶ福利厚生なんて」「従業員が運用する積立制度なんて」。いずれも、日本にはとても向かないだろうと考えつつ調査しました。日本の福利厚生は、選択肢は少ないものの、事業主がもっとも良いと考えるものを従業員に提供していましたし、企業年金の積立金は事業主が運用するのが当然だったからです。

　しかし、カフェテリアプランは7年後の1995年に、401(k)プランは確定拠出年金として13年後の2001年に、日本に導入されました。日本の行政および大企業の意外な柔軟性に驚きました。これからも必要性があれば、福利厚生の変化はすぐにでも起きると考えています。

　同じように、従業員の意識も意外と早く変化する可能性があります。かつては紫煙でかすんでいたオフィスが今は禁煙に、「営業マンは体を壊して一人前」といっていたのが、「健康経営」という具合です。従業員も新しい福利厚生のトレンドにすぐ適応するでしょう。

　新しい福利厚生のトレンドを早く世に広めることで、福利厚生ひいては日本の雇用者の働きやすさと満足度を引き上げたいと考えています。

参考文献

- 井上雅彦、江村弘志『新しい退職給付制度の設計と会計実務』日本経済新聞社、2002年
- 井上雅彦、三輪登信『退職給付制度見直しの会計実務』中央経済社、2003年
- 井上雅彦『キーワードでわかる退職給付会計』税制研究会出版局、2013年
- 井上雅彦『退職給付会計実務の手引き』税制経理教会、2018年
- 岡田義晴『福利厚生の税百科』労務研究所、1996年
- 可児俊信『これから15年　元気の出る生活設計』（共著）ダイヤモンド社、1991年
- 可児俊信『賢い女はこう生きる』（共著）ダイヤモンド社、1993年
- 可児俊信「退職後生活はいくらかかるか」『フィナンシュアランス』明治生命フィナンシュアランス研究所、1994年
- 可児俊信「可処分所得の低下と今後の生活設計」『フィナンシュアランス』明治生命フィナンシュアランス研究所、1994年
- 可児俊信『あなたのマネープランニング』（共著）ダイヤモンド社、1994年
- 可児俊信「生活設計の視点から見る住宅ローン返済限度」『フィナンシュアランス』明治生命フィナンシュアランス研究所、1995年
- 可児俊信「今後の退職後生活資金のあり方」『フィナンシュアランス』明治生命フィナンシュアランス研究所、1996年
- 可児俊信「リタイアメント・プランニングと個人保険・医療保険」『生命保険経営』、1997年
- 可児俊信「4年目に入った日本型カフェテリアプラン」『フィナンシュアランス』明治生命フィナンシュアランス研究所、1998年
- 可児俊信「転換期の福利厚生」『シンクタンクの目』日本工業新聞、1998年
- 可児俊信「見直し迫られる退職金・年金制度」『シンクタンクの目』日本工業新聞、1999年
- 可児俊信「生活設計の視点から見た確定拠出年金の課題」『フィナンシュアランス』明治生命フィナンシュアランス研究所、1999年
- 可児俊信「企業年金実態調査結果の概要」『賃金事情』産労総合研究所、1999年

- 可児俊信「日本型カフェテリアプランのその後を探る」『月刊総務』ナナ・コーポレート・コミュニケーション、1999年
- 可児俊信「退職金・年金の積立不足への対応」『ＦＰビジネス』、1999年
- 可児俊信「確定拠出型年金とＦＰの課題」『ＦＰビジネス』、1999年
- 可児俊信「401ｋ従業員教育と金融機関の役割」『ＦＰビジネス』、1999年
- 可児俊信「米国401（k）プランにおける投資教育の現状」『フィナンシュアランス』明治生命フィナンシュアランス研究所、1999年
- 可児俊信「ＦＰと投資教育」『ＦＰジャーナル』日本ファイナンシャル・プランナーズ協会、2000年
- 可児俊信「カナダの企業年金・自助努力型年金」『フィナンシュアランス』明治生命フィナンシュアランス研究所、2000年
- 可児俊信「国のＢ/Ｓにみるライフプランへの影響」『ＦＰビジネス』、2000年
- 可児俊信「自営業者への個人型確定拠出年金の勧め方」『銀行実務』銀行研修社、2001年
- 可児俊信「企業財務に対する退職給付債務の負担予測」『フィナンシュアランス』明治生命フィナンシュアランス研究所、2001年
- 可児俊信「退職給付債務の企業負担と対応策」『ビジネスガイド』日本法令、2001年
- 可児俊信「退職金制度の見直し事例研究」『ビジネスガイド』日本法令、2001年
- 可児俊信「年収横ばい時代の新エンジェル係数」『日経ウーマン』日経ホーム出版、2001年
- 可児俊信「日本版401ｋ導入の実務」（共同連載）『年金ゼミナール』日経金融新聞、2002年
- 可児俊信「福利厚生の見直しと再構築Ｑ＆Ａ」上・下『労務事情』産労総合研究所、2007年
- 可児俊信「福利厚生アウトソーシングの展望」①〜⑤『旬刊福利厚生』労務研究所、2004年
- 可児俊信「進化するアウトソーサーの活用」『月刊総務』ナナ・コーポレート・コミュニケーション、2004年
- 可児俊信「福利厚生アウトソーシングと今後の役割」上・下『企業福祉情報』日本生命保険、2005年

- 可児俊信「現場からみたカフェテリアプラン」①〜⑮『旬刊福利厚生』労務研究所、2005年
- 可児俊信「福利厚生の見直しと再構築Q＆A」上・下『労務事情』産労総合研究所、2007年
- 可児俊信「福利厚生のトレンド」『ＣＵＣ　View&Vision』千葉商科大学、2010年
- 可児俊信『福利厚生アウトソーシングの理論と活用』労務研究所、2011年
- 可児俊信「『新時代』福利厚生への見直し法と活用法」『ビジネストピックス』みずほ総合研究所、2014年
- 可児俊信「カフェテリアプランの最新事例と設計」①〜⑥『福利厚生情報』日本生命保険、2014年
- 可児俊信「中堅・中小企業の福利厚生」①〜㉔『リーダーズスタイル』明治安田生命保険、2014年
- 可児俊信『共済会の実践的グランドデザイン』労務研究所、2016年
- 可児俊信『確定拠出年金の活用と企業年金制度の見直し』日本法令、2016年
- 可児俊信「確定拠出年金法の改正とポイントと税制上のメリット」『ビジネスガイド』日本法令、2016年
- 可児俊信「個人型確定拠出年金への企業担当者の対応実務」『ビジネスガイド』日本法令、2017年
- 可児俊信「福利厚生と社労士のビジネス拡大」『SR』日本法令、2017年
- 可児俊信「退職金として確定拠出年金を導入する際の留意点」『ビジネスガイド』日本法令、2017年
- 可児俊信「借上社宅管理マニュアル」『月刊総務』ウイズワークス、2018年
- 可児俊信「2018年5月施行！改正確定拠出年金 注目の中小事業主掛金納付制度等のポイント」『ビジネスガイド』日本法令、2018年
- 可児俊信「「残業削減」をポイントで福利厚生化する！」『ビジネスガイド』日本法令、2018年
- 可児俊信「非正規の福利厚生施策を考える」『賃金事情』産労総合研究所、2018年
- 可児俊信「人生100年時代の企業年金」『賃金事情』産労総合研究所、2018年
- 可児俊信『実践！福利厚生改革』日本法令、2018年

- 桐木逸朗『共済会運営の理論と実務』経営書院、1994年
- 塩井勝『一般社団・財団法人の設立・運営と税制』かんき出版、2008年
- 品川佳宣『現物給与課税の実務』法令出版、2015年
- 鈴木準『社会保障と税の一体改革をよむ』日本法令、2012年
- 住友信託銀行年金信託部『企業年金の法務と実務』きんざい、2004年
- 第一生命保険『企業年金の数理と財政』社会保険新報社、1977年
- 第一生命保険『企業年金ガイドブック　適格年金編』東洋経済新報社、1986年
- 第一生命保険『企業年金ガイドブック　厚生年金基金編』東洋経済新報社、1988年
- 田中滋・川渕孝一・河野敏鑑編著『会社と社会を幸せにする健康経営』勁草書房、2010年
- 田中周二、小野正昭、斧田浩二『年金数理』日本評論社、2011年
- 西久保浩二『日本型福利厚生の再構築』社会経済生産性本部、1998年
- 西久保浩二『戦略的福利厚生』社会経済生産性本部、2005年
- 西久保浩二『進化する福利厚生』労務研究所、2008年
- 西久保浩二『戦略的福利厚生の新展開』日本生産性本部、2013年
- 西久保浩二『介護クライシス』旬報社、2015年
- 西沢和彦『税と社会保障の抜本改革』日本経済新聞出版社、2011年
- 西成田豊『退職金の一四〇年』青木出版、2009年
- 日本生命保険企業保険数理室『確定給付企業年金のすべて』東洋経済新報社、2002年
- 日本年金数理人会『新版　年金数理概論』朝倉書店、2013年
- BSIエデュケーション『確定拠出年金法逐条解説』BSIエデュケーション、2001年
- プルーデント・ジャパン『確定拠出年金　投資教育基礎講座』（共著）プルーデント・ジャパン、2000年
- 牧野昇『アウトソーシング　巨大化した外注・委託産業』経済界、1998年
- 三井アセット信託銀行『キャッシュ・バランス・プラン入門』東洋経済新報社、2002年
- 三菱信託銀行『キャッシュ・バランス・プラン導入の実務』中央経済社、2003年

・宮田信一郎『企業年金マネジメント』東洋経済新報社、2011年
・森晃爾、奥真也、永田智久『よくわかる「健康会計」入門』法研、2010年
・森田慎二郎『日本産業社会の形成』労務研究所、2014年
・矢野聡『日本公的年金政策史 (1875 ～ 2009)』ミネルヴァ書房、2012年
・労働政策研究・研修機構『Business Labor Trend』、2018年
・労務研究所『2016年版共済会・会社の給付・貸付と共済会の福祉事業』、
　2017年

事項索引

あ アウトソーシングの3つのメリ
ット ………………………… 141
　外部化 ……………………… 141
　大規模化 …………………… 142
　専門化 ……………………… 142
アウトソーシングの概念図… 140
アブセンティーズム ………… 19

い 慰安旅行 ……………………… 238
慰安旅行に関する所得税法令
解釈通達 …………………… 239
育児・介護休業法 …………… 53
育児休業者への支援 ………… 61
育児支援関連制度 …………… 59
育児支援の目的 ……………… 59
育児費用の支援 ……………… 59
　公的な育児支援 …………… 61
　育児休業期間等への支援 … 62
　育児休業への所得保障 …… 62
　その他の支援 ……………… 63
育児への公的支援 …………… 61
一時所得 ……………………… 250
iDeCo（個人型年金）……… 111
　個人型年金の創設理由 …… 111
　制度の概要 ………………… 111
iDeCo の掛金拠出限度額 … 112
iDeCo への加入手続き …… 113
医療費補助メニュー ………… 254
インフルエンザ予防接種費用
の費用対効果の試算例 ……… 49

え 永年勤続表彰品 ……………… 233
永年勤続表彰品に関する所得
税基本通達 ………………… 234
永年勤続表彰メニュー …… 257
SSC（シェアードサービスセ
ンター）…………………… 163
SSC の種類 ………………… 163
SSC の設置目的 …………… 163

か 会員制リゾートクラブ …… 158
介護支援 ……………………… 64
　介護支援の目的 …………… 64
　介護費用の支援 …………… 64
介護者への支援 ……………… 66
　介護休業期間等への支援 … 66
　介護休業への所得保障 …… 66
　その他の支援 ……………… 67
介護費用補助メニュー …… 255
介護保険制度適用外の介護サ
ービス ……………………… 65
介護保険制度の仕組み ……… 43
確定給付企業年金 ………… 105
　確定給付企業年金の創設理
　由 ………………………… 105
　キャッシュ・バランス・プラ
　ン ………………………… 106
　リスク分担型企業年金 … 106
確定拠出年金の加入者掛金
補助メニューの仕組み …… 130
額面と手取り ………………… 29

－ 287 －

過去勤務掛金の仕組み …… 223
家族とのコミュニケーション
支援 ……………………… 78
鐘紡共済組合 …………… 11
カフェテリアプラン運用事務
の月間サイクル例 ………… 132
（カフェテリアプランの）事務
運用の設計 ……………… 132
　ポイントの申請 ………… 132
　ポイント履歴の管理 …… 133
　加給データ処理 ………… 133
（カフェテリアプラン）制度の
定期的な見直し …………… 135
カフェテリアプランに必要な原
資額 ……………………… 122
　従業員に付与するポイント
　金額の費用 ……………… 122
　カフェテリアプランの管理
　費 ………………………… 124
　福利厚生パッケージの会
　費 ………………………… 125
　導入時の初期費用 ……… 125
カフェテリアプランによる医
療費等の補助を受けた場合… 255
カフェテリアプランによるポ
イントの付与を受けた場合 … 253
カフェテリアプランによる旅行
費用等の補助を受けた場合… 258
カフェテリアプランの従業員
規模別導入率の推移 ……… 118
カフェテリアプランの税制… 252

（カフェテリアプランの）制度の
告知 ……………………… 133
　説明会の開催 …………… 133
　「手引き」の配付 ………… 134
　従業員からの照会対応 … 134
カフェテリアプランの設計… 122
カフェテリアプランの導入プロ
セス ……………………… 122
カフェテリアプランの7分野の
メニューの内容 ………… 128
カフェテリアプランの発祥… 117
カフェテリアプランの普及… 117
（カフェテリアプランの）福利
厚生分野ごとのメニュー採用率
　………………………… 128
カフェテリアプランの福利厚生
要件 ……………………… 252
（カフェテリアプランの）付与
ポイント額の分布 ………… 123
カフェテリアプランのポイント
消化額と報酬または賃金との
関係 ……………………… 266
カフェテリアプランのメニュ
ー設計のイメージ ………… 124
カフェテリアプランのメリッ
ト ………………………… 119
　多様なニーズへの対応 … 119
　福利厚生費の再配分と受益
　の公平化 ………………… 119
　福利厚生費の抑制 ……… 120
　福利厚生受益の可視化 … 120

－ 288 －

人材の育成 ……………… 120
カフェテリアプラン普及の背
景 …………………………… 117
（カフェテリアプランの）メニ
ュー ……………………… 127
　メニュー分野の傾向 …… 127
　メニュー設計時の視点 … 127
　最新トレンドのメニュー… 130
官公庁の福利厚生 ………… 197
き 企業型確定拠出年金 ……… 108
　確定拠出年金の創設理由 108
　制度の概要 ……………… 108
企業グループの福利厚生適用
例 …………………………… 211
企業年金制度の創設 ……… 101
企業年金の動き（2000年以
降） ……………………… 103
企業年金の加入者数の推移 104
企業年金の種類 …………… 105
企業年金の長所 …………… 97
　企業の負担額 …………… 97
　資金支出のタイミング …… 98
　退職給付会計の適用 …… 98
　退職金の保全 …………… 98
キャリア開発支援 ………… 73
キャリアプラン支援 ……… 274
給与・賞与 ……………… 20
共済 …………………… 192
共済会給付にかかわる税制… 246
共済会 ……………………… 180
共済会と福利厚生 ………… 180

共済会における自助支援事業
の実施状況 ……………… 184
　共済会とは ……………… 180
　事業主の福利厚生との関係 180
共済会の一般的な事業内容… 183
共済会の会費試算手順 …… 187
共済会の機関設計例 ……… 186
共済会の給付等の税制 …… 247
共済会の事業内容 ………… 182
共済会の新設スケジュール例 188
共済会の新設の手順 ……… 183
　共済会新設のメリット … 183
　事業内容の検討 ………… 183
　加入対象者の範囲の策定 185
　機関設計 ………………… 185
　会費額と従業員への説明 186
　設立までの準備と告知 … 187
共済会の税制上の分類 …… 243
共済会の法人格の有無別にみ
た税制上の分類 ………… 243
共済会の法人種類等と税制 246
共済会のメリット ………… 181
　原資の安定性 …………… 181
　労使の共同参画 ………… 181
　事業主の福利厚生負担額
　の軽減 ………………… 182
共済会への事業主の拠出金
の経路 …………………… 245
共済会への税制 …………… 243
共済組合の事業内容 ……… 206
共楽館 …………………… 11

く 組合員への福祉活動としての

福利厚生 ……………………… 190

　　共済事業 ………………… 191

　　労働福祉活動 …………… 192

け 慶事給付 …………………… 249

　経団連の福利厚生費の範囲 …… 6

　慶弔給付 …………………… 77

　健康経営 ………………… 17, 48

　健康保険組合 ……………… 167

　健康保険組合の疾病予防・健康

増進施策との連携 ………… 72

　健康保険組合の設立 ……… 175

　　設立のメリット ………… 175

　　保険料率低下のメリット … 176

　　自社に適した保健事業の実

施 ………………………… 176

　　その他 ………………… 176

　健康保険組合の設立形態によ

る（保険者の）分類………… 167

　健康保険組合の単独設立の手

順 ………………………… 178

　　保険料率の試算 ………… 178

　　設立の申請 …………… 178

　（健康保険組合の）付加給付

　………………… 169, 171

　　付加給付の種類 ………… 169

　　付加給付の目的 ………… 171

　　付加給付の実施割合と給付

水準 …………………… 172

　（健康保険組合の）付加給付の

例 ……………………… 170

　（健康保険組合の）保健・福祉

事業の例示 ……………… 174

　（健康保険組合の）保健事業・

福祉事業 ……………… 173,175

　（健康保険組合の）保険者の種

類と事業 ………………… 167

　　保険者の種類 ………… 167

　　健康保険組合の事業 …… 168

　（健康保険組合の）保険料率低

下の理由 ………………… 177

　健康保険組合を単独設立する

メリット ………………… 175

　（健康保険組合の）設立の留

意点 …………………… 179

　　保険料率の水準 ………… 179

　　健康保険制度の見直し … 179

　　自社での運営責任 …… 179

　健康保険料の労使負担割合 173

　健康保険の法定給付 ……… 169

　健保組合が所有する保養所数

の推移 …………………… 147

こ 厚生年金基金 ………… 102,105

　厚生年金被保険者 ………… 111

　厚生年金保険における報酬の

定義と例 ………………… 262

　厚生労働省の福利厚生費の範

囲 ……………………… 8

　公的年金の給付水準の見直し 42

　公費を伴う福利厚生事業の実

— 290 —

施状況 ……………………… 202
公務員の福利厚生実施の根拠 197
　国家公務員の福利厚生 … 197
　地方公務員の福利厚生 … 197
公務員の福利厚生のあり方… 200
　経緯 ……………………… 200
　「住民の理解が得られる」福
　利厚生 …………………… 201
　職場規模と福利厚生 …… 203
　福利厚生目的の再定義 … 204
（カフェテリアプランの）国税
速報 ……………………… 256
国税庁基本通達で規定する個
々の福利厚生税制 ………… 233
　永年勤続表彰品 ………… 233
　事業主の用役提供 ……… 233
　従業員の社宅入居 ……… 235
　食事の支給 ……………… 236
　自社製品・商品の値引き
　販売 ……………………… 237
　残業食または宿直食 …… 238
　事業主の社内レクリエーシ
　ョン ……………………… 238
　慰安旅行 ………………… 238
　保険料補助 ……………… 239
国民皆年金 ………………… 14
国民皆保険 ………………… 14
心の疾病予防 ……………… 71
互助会等に対する公費支出
額の推移 ………………… 201
国家・地方公務員共済組合… 204

　共済組合の種類 ………… 204
　長期給付事業 …………… 205
　短期給付事業 …………… 206
　福祉事業 ………………… 207
国家公務員共済組合法におけ
る福祉事業 ……………… 199
国家公務員の福利厚生の根拠 198
国家公務員における福利厚生
の体系 …………………… 199
コミュニケーション支援 …… 78
コミュニケーション支援の目
的 ………………………… 78
今後のカフェテリアプランの
役割 ……………………… 278
さ　財形貯蓄制度 ……………… 75
　財産形成支援 …………… 74
　　老後生活資金の準備 ……… 74
　　住宅取得支援 …………… 75
　　一般財形貯蓄、持ち株会 … 76
　　ライフプランセミナー等の情報
　　提供 ……………………… 76
　　セーフティネット支援 …… 76
　雑所得 …………………… 250
し　GLTD ………………………… 162
　事業主以外が実施するカフェ
　テリアプランの税制 ……… 259
　　共済会のカフェテリアプラ
　　ン ……………………… 259
　　職員互助会のカフェテリア
　　プラン ………………… 259
　　保険者のカフェテリアプラ

－ 291 －

ン ……………………… 260	介護保険 ………………… 43
事業主の用役提供に関する	社宅管理 ………………… 158
所得税基本通達 …………… 235	社宅使用料の算定方式 ……… 82
事業主への福利厚生の税制 231	単価方式 ………………… 82
施行令、施行規則 ………… 233	家賃準拠方式 …………… 83
次世代育成支援対策推進法 … 53	国税庁方式 ……………… 83
施設投資型福利厚生 ………… 15	ポイント方式 …………… 83
失業率の推移 ……………… 45	組み合わせ方式 ………… 84
疾病予防・健康増進にかかわ	社宅制度のメリット ………… 84
る法令 ……………………… 54	社宅の分類 …………… 81, 82
労度基準法 ……………… 54	社団 ……………………… 180
労働安全衛生法 ………… 55	従業員投資型福利厚生 ……… 18
疾病予防・健康増進支援 …… 70	従業員の社宅入居に関する
疾病予防・健康増進支援の目	所得税基本通達 ………… 236
的 ………………………… 70	従業員へのライフプラン支援
疾病予防・健康増進支援 …… 70	の推進 …………………… 271
疾病予防 ………………… 70	従業員本人の疾病予防費用補
健康増進 ………………… 71	助メニュー ……………… 256
社会保険、労働保険と給付… 261	住宅手当・家賃補助 ………… 81
社会保険・労働保険とカフェ	住宅手当と借上社宅の違い … 80
テリアプラン ……………… 265	集団就職者 ………………… 12
社会保険 ………………… 265	就労条件総合調査 …………… 5
労働保険 ………………… 265	出生数と合計特殊出生率の推移
社会保険・労働保険の動向 … 41	………………………… 35
社会保険上の現物給与（住宅）	生涯未婚率 ………………… 39
の標準価額 ……………… 263	少子化 …………………… 35
社会保険における給付等の	傷病手当金関連の付加給付の
扱い ……………………… 261	実施率と給付水準 ……… 172
社会保険 ………………… 41	職域内でのコミュニケーション
厚生年金保険 …………… 41	支援 ……………………… 78
健康保険 ………………… 42	職員組合 ………………… 207

職員互助会、職員互助組合　207
職員互助会の雑所得金額算出
方法例 ……………………　260
食事の支給に関する所得税基
本通達 ……………………　237
食事補助メニュー ………　257
職場給食 …………………　159
女性活躍支援 ……………　68
女性活躍支援の目的 ……　68
女性活躍支援の内容 ……　68
女性活躍推進法 …………　54
所得税基本通達 …………　233
「人格のない社団」または一
般社団・財団である共済会か
らの給付等の税制 ………　249
　基本的な考え方 ………　249
　慶事給付 ………………　249
　弔事給付・補償給付 ……　249
人件費の内訳 ……………　20
人口動態統計 ……………　187
人口動態の変化がもたらすラ
イフプラン支援 …………　271
人口動態の変化と労働者の多
様化 ………………………　35
人材サービスの広範囲な業務
受託 ………………………　276
新卒学生の就職先選択基準 …　26
身体の疾病予防・健康増進 …　70
す 住まいの支援 ………　80
住まい支援の目的 ………　80
せ 成果主義 ………………　21

生活支援 …………………　87
税制適格退職年金 ………　102
生命・損害保険会社、共済制
度 …………………………　160
　福利厚生制度の資金準備手
　段 ………………………　160
　従業員の自助努力手段 …　161
専業型アウトソーサーの提供
サービス …………………　157
全労済 ……………………　193
そ 総合福祉センターによる一元
的運営 ……………………　212
　総合福祉センターの運営形
　態 ………………………　212
　総合福祉センターのメリッ
　ト ………………………　212
　福利厚生の利用申請窓口の
　一元化 …………………　213
　福利厚生関連情報提供の一
　元化 ……………………　214
　福利厚生事務の一元的運用　214
　福利厚生検討体制の一元化　215
　福利厚生関連の意思決定
　層の一元化 ……………　215
総合福祉センターの運営形態　212
た 大企業事業主の福利厚生と
類似する事業 ……………　208
　事業の重複 ……………　208
　事業内容の役割分担 ……　209
　加入者の相違 …………　211
大企業との福利厚生格差 …　219

－ 293 －

大企業の従業員向けサービス 209
大企業の福利厚生 ………… 208
退職一時金と企業年金制度
等の変遷 ………………… 101
退職一時金と企業年金の負
担額 ……………………… 97
退職一時金の動き（1990年
代後半） ………………… 102
退職給付会計 …………… 103
退職給付の算定式 ……… 91
　給与比例方式 ………… 92
　定額方式 ……………… 92
　ポイント制 …………… 93
　キャッシュ・バランス・プラン 94
退職金制度の変遷 ……… 101
退職金制度の目的 ……… 91
退職金と企業年金 ……… 96
退職金と企業年金の関係 …… 99
　退職一時金からの移行 …… 99
　内枠移行と外枠移行 …… 100
退職金と企業年金の違い …… 96
　給付方法の違い ……… 96
　税制の違い …………… 96
退職金費用 ……………… 22
退職金前払制度 ………… 114
退職金前払制度への移行 … 114
退職所得 ………………… 96
ダイバーシティ経営 …… 47, 48

ち 地域産業保健センター …… 225
地方公務員共済組合の種類 205
中小企業・小規模企業の定義 221

中小企業勤労者福祉サービス
センター ………………… 224
　サービスセンターの概要 … 224
　サービスの仕組み ……… 224
　サービスの内容 ………… 225
中小企業勤労者福祉サービス
センターの概念図 ……… 224
中小企業の福利厚生 …… 219
中小企業の福利厚生支援 … 275
中小企業の福利厚生費 …… 219
中小企業への福利厚生支援 220
中小企業退職金共済 …………… 220
　中小企業退職金共済の概要 220
　加入対象事業主 ………… 221
　加入対象従業員 ………… 221
　掛金額 …………………… 222
　給付 ……………………… 222
中小事業主掛金納付制度 … 226
　実施できる事業主 ……… 226
　加入資格の限定 ………… 227
　掛金 ……………………… 227
　税制 ……………………… 227
　制度設計 ………………… 228
長時間労働の是正 ……… 50
長寿化・高齢化 ………… 38

と 同一労働同一賃金 ……… 51, 52
「同一労働同一賃金」の考え方 51
投資教育 ………………… 110
富岡製糸場 ……………… 10

に （日本の福利厚生）アベノミクス
以後 ……………………… 16

－ 294 －

（日本の福利厚生）戦後～バブ
ル期 ……………………… 12
　労務管理としての福利厚生　12
　役割が変わる福利厚生 …… 13
日本の福利厚生の成り立ち … 10
（日本の福利厚生）バブル崩壊　15
（日本の福利厚生）明治～戦前　10

は「働きがい」 ………………… 32
「働き方改革」 ………………… 38
「働き方改革」のロードマップ　50
働き方や職場環境の見直し … 47
「働きやすさ」 ………………… 31
「働きやすさ」支援 ………… 86
「働きやすさ」支援の目的 …… 86
「働きやすさ」を支援する制度　86
バブル崩壊 ………………… 16

ひ Bグループ保険 …………… 28
非課税所得となる福利厚生　231
非課税となる要件 ………… 240
日立鉱山 …………………… 11

ふ 福利厚生アウトソーサーの役
割拡大 ……………………… 275
福利厚生アウトソーシング　139
福利厚生アウトソーシングの
概要 ……………………… 139
　アウトソーシングの普及… 139
　アウトソーシングとは …… 139
福利厚生アウトソーシングの
受託者 …………………… 143
福利厚生アウトソーシングの
3つのメリット …………… 141

福利厚生一元化とそのメリッ
ト ………………………… 213
福利厚生関連法令 …………… 53
福利厚生施策の理念・目的
体系 ……………………… 203
福利厚生団体である共済会か
らの給付等の税制 ………… 246
　基本的な考え方 ………… 246
　慶事給付 ………………… 246
　弔事給付・補償給付 …… 248
福利厚生団体と「人格のない
社団」の要件 …………… 244
福利厚生と給与との違い …… 27
　従業員満足度向上に差 …… 27
　スケールメリット ………… 28
　実質的な手取り増 ………… 29
　給与の引上げは他の人件費
　負担にも波及 …………… 29
福利厚生と退職金制度の関係
　………………………… 94
福利厚生とは何か ……………… 3
福利厚生に関する主な所得税
基本通達 ………………… 232
福利厚生の効果 ……………… 30
　事業主にとっての効果 …… 30
　従業員にとっての効果 …… 30
福利厚生の実施目的 ………… 25
「福利厚生の税百科」……… 242
福利厚生の見直しと原資調達　125
福利厚生の目的 ……………… 24
福利厚生の目的と効果 ……… 24

－ 295 －

福利厚生の目的と分野の変化　19
福利厚生パッケージ　………　144
福利厚生パッケージがカバー
する福利厚生の分野　………　147
福利厚生パッケージの契約　144
　目的　………………………　144
　法人契約　…………………　144
　法人会員が負担する会費　145
福利厚生パッケージの仕組み　145
　福利厚生コンテンツの開発
　・拡充　……………………　146
　福利厚生サービスの告知　148
　サービス利用申込みの取次
　ぎ　…………………………　150
福利厚生パッケージの仕組
み例　…………………………　145
福利厚生パッケージのデメリ
ット　…………………………　154
福利厚生パッケージの普及　155
福利厚生パッケージの普及
の推移　………………………　156
福利厚生パッケージのメリ
ット　…………………………　151
　外部化によるメリット……　151
　大規模化によるメリット…　153
　専門化によるメリット……　153
福利厚生費および現金給与
額に対する比率の推移　……　218
福利厚生費調査　………………　4
福利厚生費の会計と税務　………8
福利厚生費の範囲　………………4

福利厚生費の分野ごとの推移　22
福利厚生費を含む人件費の動き　20
福利厚生分野別の金額割合
の変化　………………………　216
福利厚生の範囲　………………　3
福利厚生を含む労働条件・待遇
にかかわる法令　……………　56
福利厚生関連 SSC ……………　164
フィットネスクラブ　………　157
プレゼンティーズム　………　19
へ ベビーブーム　………………　35
　ヘルスケアポイント制度　……　49
ほ ポイント制退職金の事例　……　93
　報酬全体における福利厚生費
の水準のあり方　……………　215
　福利厚生費の適正水準　…　215
　現金給与と福利厚生費の割
合　………………………　217
法定福利費　……………………　4
法定福利費　……………………　21
法定福利費の範囲　………………4
保険者からの給付にかかわる
税制　…………………………　251
保険者からの給付に関する
税制　…………………………　251
保険料補助に関する所得税基
本通達　………………………　240
保養所管理　……………………　158
ま マッチング拠出　……………　109
み 未婚化・晩婚化　………………　39
め メニューごとの非課税要件…　254

も 持ち家取得支援 ……………… 13
持ち株会 …………………… 76
よ 要求項目としての福利厚生… 190
養老保険に関する所得税基本
通達 ……………………… 241
ら ライフプラン支援 ………… 73
ライフプラン支援の目的 …… 73
ライフプランセミナー …… 76,157
ライフプランの支援にかかわる
法令 ……………………… 55
勤労者財産形成促進法 …… 55
労働基準法（第18条）…… 55
雇用保険法 ……………… 56
り レクリエーション行事に関す
る所得税基本通達 ………… 238
リスク分担型企業年金の給付
増額・減額のイメージ …… 107
リタイアメント・プラン支援 271
自助努力の機会の提供 … 272
ライフプラン情報の提供… 272
両立支援・女性の活躍にかか
わる法令 ………………… 53
る 労働者健康安全機構 ……… 226
ろ 労災死亡者数および「過労死」、
精神障害による自殺者の推移 45
労使協定 ………………… 188
労働金庫 ………………… 192
労働組合 ………………… 189
労働組合と福利厚生 ……… 189
労働組合の福祉活動 ……… 190
労働組合の福利厚生関連要求

の推移 …………………… 191
勤労者福祉協議会 ………… 220
労働保険 ………………… 44
雇用保険 ………………… 44
労働者災害補償保険 ……… 44
労働保険における給付等の
扱い ……………………… 264
労働保険料等の算定基礎と
なる賃金早見表 ………… 264
労働力人口 ……………… 38
労働力人口の減少 ………… 37
わ ワーク・ライフバランス ……… 17
ワーク・ライフバランスの推進 47

－ 297 －

図表索引

第1章

図表1－1
経団連の「福利厚生費調査」における福利厚生費の範囲⋯⋯⋯⋯⋯ 6

図表1－2
厚生労働省の「就労条件総合調査」における福利厚生費の範囲⋯⋯⋯ 8

図表1－3
富岡製糸場の寄宿舎⋯⋯⋯⋯⋯ 10

図表1－4
上野駅の集団就職者⋯⋯⋯⋯⋯ 12

図表1－5
福利厚生の目的と分野の変化⋯⋯ 19

図表1－6
人件費の内訳⋯⋯⋯⋯⋯⋯⋯⋯ 20

図表1－7
福利厚生費の分野ごとの推移⋯⋯ 22

図表1－8
福利厚生の実施目的⋯⋯⋯⋯⋯ 25

図表1－9
新卒学生の就職先選択基準⋯⋯⋯ 26

第2章

図表2－1
出生率と合計特殊出生率の推移⋯ 35

図表2－2
平均初婚年齢と生涯未婚率の男女別の推移⋯⋯⋯⋯⋯⋯⋯⋯⋯⋯ 39

図表2－3
公的年金の給付水準の見直し⋯⋯ 42

図表2－4
介護保険制度の仕組み⋯⋯⋯⋯ 43

図表2－5
失業率の推移⋯⋯⋯⋯⋯⋯⋯⋯ 45

図表2－6
労災死亡者数および「過労死」、精神障害による自殺者数の推移⋯ 45

図表2－7
インフルエンザ予防接種費用の費用対効果の計算例⋯⋯⋯⋯⋯⋯ 49

図表2－8
「働き方改革」のロードマップ ⋯ 50

図表2－9
「同一労働同一賃金」の考え方 ⋯ 51

第3章

図表3－1
育児への公的支援⋯⋯⋯⋯⋯⋯ 61

図表3－2
介護保険制度適用外の介護サービス⋯⋯⋯⋯⋯⋯⋯⋯⋯⋯⋯⋯ 65

図表3－3
住宅手当と借上社宅の違い⋯⋯⋯ 80

図表3－4
社宅の分類⋯⋯⋯⋯⋯⋯⋯⋯⋯ 82

第4章

図表4－1
ポイント制退職金の事例…………… 93

図表4－2
退職一時金と企業年金の負担額… 97

図表4－3
退職一時金と企業年金の関係…… 99

図表4－4
退職一時金と企業年金制度等の
変遷……………………………… 101

図表4－5
企業年金の加入者数の推移…… 104

図表4－6
リスク分担型企業年金の給付
増額・減額のイメージ………… 107

図表4－7
iDeCoの掛金拠出限度額 …… 112

図表4－8
iDeCoへの加入手続き ……… 113

図表4－9
退職金前払制度への移行……… 114

第5章

図表5－1
カフェテリアプランの従業員規模
別導入率の推移………………… 118

図表5－2
付与ポイント額の分布………… 123

図表5－3
カフェテリアプランのメニュー設
計のイメージ…………………… 124

図表5－4
福利厚生分野ごとのメニュー採
用率……………………………… 128

図表5－5
カフェテリアプランの7分野のメニ
ューの内容……………………… 128

図表5－6
確定拠出年金の加入者掛金補助メ
ニューの仕組み………………… 130

図表5－7
カフェテリアプラン運用事務の月
間サイクル例…………………… 132

第6章

図表6－1
アウトソーシングの概念図…… 140

図表6－2
福利厚生アウトソーシングのメリ
ット……………………………… 141

図表6－3
福利厚生パッケージの仕組み例 145

図表6－4
福利厚生パッケージがカバーする
福利厚生分野例………………… 147

図表6－5
健保組合が保有する保養所数の
推移……………………………… 147

図表6－6
総合型アウトソーサーが提供す
る福利厚生アウトソーシングサ
ービス例………………………… 154

図表 6 - 7
福利厚生パッケージの普及の
推移……………………… 156

第 7 章
図表 7 - 1
健康保険組合の設立形態による
分類……………………… 167
図表 7 - 2
健康保険組合の事業……… 168
図表 7 - 3
健康保険の法定給付……… 169
図表 7 - 4
付加給付の例……………… 170
図表 7 - 5
傷病手当金関連の付加給付の実
施率と給付水準…………… 172
図表 7 - 6
保健・福祉事業の例示…… 174
図表 7 - 7
健康保険組合を単独設立するメリ
ット……………………… 175
図表 7 - 8
保険料率低下の理由……… 177
図表 7 - 9
共済会の一般的な事業内容… 183
図表 7 - 10
共済会における自助支援事業の
実施状況………………… 184
図表 7 - 11
共済会の機関設計例……… 186

図表 7 - 12
共済会の会費試算手順…… 187
図表 7 - 13
共済会の新設スケジュール例… 188
図表 7 - 14
労働組合の福祉活動……… 190
図表 7 - 15
労働組合の福利厚生関連要求の
推移……………………… 191

第 8 章
図表 8 - 1
国家公務員の職員厚生の根拠… 198
図表 8 - 2
国家公務員共済組合法における
福祉事業………………… 199
図表 8 - 3
国家公務員法における福利厚生の
体系……………………… 199
図表 8 - 4
互助会等に対する公費支出額の
推移……………………… 201
図表 8 - 5
公費を伴う福利厚生事業の実施
状況（個人給付事業）………… 202
図表 8 - 6
福利厚生施策の理念・目的体系 203
図表 8 - 7
地方公務員共済組合の種類…… 205
図表 8 - 8
共済組合の事業内容……… 206

図表 8－9
大企業の従業員向けサービス… 209
図表 8－10
企業グループの福利厚生適用例 211
図表 8－11
総合福祉センターの運営形態… 212
図表 8－12
福利厚生一元化とそのメリット… 213
図表 8－13
福利厚生分野別の金額割合の変
化………………………………… 216
図表 8－14
福利厚生費および現金給与額に
対する比率の推移…………… 218
図表 8－15
中小企業の福利厚生費………… 219
図表 8－16
中小企業・小規模企業の定義… 221
図表 8－17
過去勤務掛金の仕組み………… 223
図表 8－18
中小企業勤労者福祉サービスセ
ンターの概念図……………… 224

第9章
図表 9－1
福利厚生に関する主な所得税基
本通達………………………… 232
図表 9－2
永年勤続表彰品に関する所得税
個別通達……………………… 234

図表 9－3
事業主の用役提供に関する所得
税基本通達…………………… 235
図表 9－4
従業員の社宅入居に関する所得
税基本通達…………………… 236
図表 9－5
食事の支給に関する所得税基本
通達…………………………… 237
図表 9－6
レクリエーション行事に関する
所得税基本通達……………… 238
図表 9－7
慰安旅行に関する所得税法令解
釈通達………………………… 239
図表 9－8
保険料補助に関する所得税基本
通達…………………………… 240
図表 9－9
養老保険に関する所得税基本通
達……………………………… 241
図表 9－10
共済会の法人格の有無別にみた
税制上の分類………………… 243
図表 9－11
共済会への事業主の拠出金の経
路……………………………… 245
図表 9－12
共済会の給付等の税制………… 247
図表 9－13
保険者からの給付に関する税制 251

－ 302 －

図表 9 − 14
質疑応答事例（カフェテリアプラ
ンによるポイントの付与を受けた
場合）……………………………… 253

図表 9 − 15
質疑応答事例（カフェテリアプラ
ンによる医療費等の補助を受けた
場合）……………………………… 255

図表 9 − 16
国勢速報……………………………… 256

図表 9 − 17
質疑応答事例（カフェテリアプラ
ンによる旅行費用等の補助を受け
た場合）…………………………… 258

図表 9 − 18
職員互助会の雑所得金額算出方
法例………………………………… 260

図表 9 − 19
厚生年金保険における報酬の定義
と例………………………………… 262

図表 9 − 20
社会保険上の現物給与（住宅）の
標準価額…………………………… 263

図表 9 − 21
労働保険料等の算定基礎となる
賃金早見表（例示）……………… 264

図表 9 − 22
カフェテリアプランのポイント消
化額と報酬または賃金との関係 266

− 303 −

著者プロフィール

可児俊信（かに　としのぶ）

千葉商科大学会計大学院会計ファイナンス研究科　教授

株式会社ベネフィット・ワン　ヒューマン・キャピタル研究所　所長

1996年より福利厚生・企業年金の啓発・普及・調査および企業・官公庁の福利厚生のコンサルティングにかかわる。年間延べ500団体を訪問し、現状把握と事例収集に努め、福利厚生と企業年金の見直し提案を行う。著書、寄稿、講演多数。

◎略歴

1983年　東京大学卒業

1983年　明治生命保険相互会社（現明治安田生命保険）

1988年　エクイタブル生命（米国ニューヨーク州）にて、米国福利厚生調査

1991年　明治生命フィナンシュアランス研究所（現明治安田生活福祉研究所）

2005年　千葉商科大学会計大学院会計ファイナンス研究科教授　現在に至る

2006年　㈱ベネフィット・ワン　ヒューマン・キャピタル研究所所長　現在に至る

◎著書

「実践！福利厚生改革」日本法令（2018年）、「確定拠出年金の活用と企業年金制度の見直し」日本法令（2016年）、「共済会の実践的グランドデザイン」労務研究所（2016年）、「実学としてのパーソナルファイナンス」（共著）中央経済社（2013年）、「福利厚生アウトソーシングの理論と活用」労務研究所（2011年）、「保険進化と保険事業」（共著）慶應義塾大学出版会（2006年）、「あなたのマネープランニング」（共著）ダイヤモンド社（1994年）、「賢い女はこう生きる」（共著）ダイヤモンド社（1993年）「元気の出る生活設計」（共著）ダイヤモンド社（1991年）、「生命保険とファイナンシャル・プランニング」（翻訳）保険毎日新聞社

新しい！日本の福利厚生

―基礎知識から企画・運用まで―

発行日　2019年3月15日　初版第1刷

定　価　2,500円（税別）

著　者　可児　俊信

発行所　（株）労務研究所

　　　　東京都港区赤坂3丁目21番15号

　　　　電話（03）3583－5830

振　替　東京00120－8－117024

　　　　http：//www.rouken.com

印刷・製本　秋田活版印刷株式会社

　　　　秋田県秋田市寺内字三千刈110－1

ISBN　978－4－947593－22－1

C3034　￥2500E